AI 写作

刘丙润 / 著

21种商业写作方法详解

北京大学出版社
PEKING UNIVERSITY PRESS

内容提要

掌握AI写作变现方式，外加21种写作变现流程，大家就可以通过写作轻松实现高效变现。本书通过对21种写作变现方式的介绍，力求帮助读者快速掌握写作变现方法。

本书共12章，分别介绍了流量写作变现、商业写作变现、IP写作变现和图书写作变现四大类变现方式。每种都与人工智能相结合，让读者能够借助现代科技写出高质量文章。

本书适合写作新人、写作爱好者、新媒体从业人员及相关培训机构参考使用。

图书在版编目(CIP)数据

AI写作：21种商业写作方法详解 / 刘丙润著. 北京：北京大学出版社，2024.6. —ISBN 978-7-301-35151-2

Ⅰ. F713.365.2

中国国家版本馆CIP数据核字第2024OV6964号

书　　　名	AI写作：21种商业写作方法详解
	AI XIEZUO: 21 ZHONG SHANGYE XIEZUO FANGFA XIANGJIE
著作责任者	刘丙润　著
责 任 编 辑	王继伟　吴秀川
标 准 书 号	ISBN 978-7-301-35151-2
出 版 发 行	北京大学出版社
地　　　址	北京市海淀区成府路205号　100871
网　　　址	http://www.pup.cn　新浪微博：@北京大学出版社
电 子 邮 箱	编辑部 pup7@pup.cn　总编室 zpup@pup.cn
电　　　话	邮购部 010-62752015　发行部 010-62750672　编辑部 010-62570390
印 刷 者	大厂回族自治县彩虹印刷有限公司
经 销 者	新华书店
	880毫米×1230毫米　32开本　7.25印张　208千字
	2024年6月第1版　2024年6月第1次印刷
印　　　数	1-4000册
定　　　价	49.00元

未经许可，不得以任何方式复制或抄袭本书之部分或全部内容。
版权所有，侵权必究
举报电话：010-62752024　电子邮箱：fd@pup.cn
图书如有印装质量问题，请与出版部联系，电话：010-62756370

前言

2023年年初，"人工智能"一词迅速风靡全球。很多人认为人工智能的火热无非是在炒概念，和2022年的元宇宙相似。但随着时间推移，人们慢慢发现人工智能正在改变我们的生活，它可以作为内容创作的工具，更好地提高我们的效率。

本书所讲的21种写作变现方式，是一条完整的成长链。它可以让大家从一个什么都不会写的新人，一步步成为流量文章写手，再成为付费专栏作者，直至最终成功打造IP，成为畅销书作者。

在人工智能出现之前，新人想顺着这条成长链发展，需要耗费大量的时间与精力。而如今人工智能的出现，可以很好地辅助创作者高效创作，有些内容甚至可以一键生成。与此同时，流量与质量两个方面也能够更好地平衡。

对于内容创作者来说，人工智能的优势要远大于劣势。

首先，人工智能可以提升内容创作的速度。通过自然语言处理和机器学习等技术，人工智能能够生成大量的文本内容，创作者不需要冥思苦想，就可以轻松完成初稿创作，之后再根据自己的经验进行人工润色，效率将会得到几倍的提升。

其次，人工智能可以提供写作灵感。对于创作者来说，这是非常重要的。一个人的知识面与创意是非常有限的，而人工智能可以提供主题、观点，生成标题、文章开头，分析读者兴趣并生成个性化内容，提供创意词汇和表达方式，提供文献和参考资料……有了这些资源作为辅助，创作者则可以轻松写出高质量的流量文章。

最后，人工智能可以辅助内容优化。通过自动校对和语法纠错等功能，人工智能可以检测和修复文本中的错误和不规范之处，提高内容的准确性和可读性。

所谓人工智能的劣势，在于需要创作者进行学习。如果创作者无法给出精准的提示词，无法通过公式进行推理，那么使用人工智能创作的文章几乎是无法使用的。这也是我创作这本书的初衷。我希望通过自己对于人工智能的使用经验，帮助更多的内容创作者有效提升写作效率。

对于人工智能产品，无论是国外的ChatGPT，还是国内的文心一言、讯飞星火认知大模型、天工官网等，伴随着产品的不断优化，从理论上来说，本书中讲的所有公式全部通用，且从发展趋势来看，国内的大模型，如文心一言，已经越来越好用，尤其是对某些故事的编排、特定情节的描绘来说，创作质量越来越好。

创作者可以进行多方比较，选择适合自己的产品。

温馨提示： 本书附赠视频学习资源，读者可以扫描右侧二维码关注"博雅读书社"微信公众号，输入本书77页的资源下载码，即可获得本书的学习资源。

刘丙润

目录

流量写作变现篇

第1章　6大流量文写作变现自学教程，让文字直接变成钱　002
　　1.1　今日头条、百家号流量文变现——最简单的流量变现模式　003
　　1.2　公众号特殊流量文变现——打造闭环私域流量变现　009
　　1.3　免费网文变现——番茄、七猫、新兴网文平台变现　015
　　1.4　付费网文变现——起点、纵横、飞卢等老平台变现模式　018
　　1.5　图文转视频变现——中视频计划流量变现　020
　　1.6　图文转直播变现——数字人直播变现　023

第2章　人工智能辅助创作与人工智能一键生成　026
　　2.1　人工智能数据"投喂"全流程讲解　026
　　2.2　人工智能辅助创作新媒体流量文　032
　　2.3　人工智能一键生成新媒体流量文　036
　　2.4　辅助创作 VS 一键生成创作优劣势讲解　040
　　2.5　矩阵操作玩法揭秘　043

第3章　如何用人工智能辅助创作网文？　047
　　3.1　五步起名法，一键轻松创作爆款"书名"　047
　　3.2　三大网文简介生成公式，一键调试不用愁　051

3.3　5种网文灵感提取法，让人工智能成为网文灵感素材库⋯⋯055

3.4　人工智能辅助网文创作 VS 取代网文创作⋯⋯⋯⋯⋯064

第4章　图文转视频、转直播，打造个人IP的第1步⋯⋯⋯⋯067

4.1　图文 IP、视频 IP 和直播 IP 的区别⋯⋯⋯⋯⋯⋯⋯⋯067

4.2　图文转视频必用的 4 款智能软件⋯⋯⋯⋯⋯⋯⋯⋯⋯069

4.3　图文转视频，全流程实操⋯⋯⋯⋯⋯⋯⋯⋯⋯⋯⋯⋯079

4.4　图文转直播，全流程实操⋯⋯⋯⋯⋯⋯⋯⋯⋯⋯⋯⋯082

4.5　IP 变现的 5 个核心和 3 个禁忌事项⋯⋯⋯⋯⋯⋯⋯⋯085

商业写作变现篇

第5章　七大商业写作变现教程全讲解⋯⋯⋯⋯⋯⋯⋯⋯⋯⋯089

5.1　软广文案变现——六大平台变现模式⋯⋯⋯⋯⋯⋯⋯090

5.2　硬广文案变现——十二大平台模式⋯⋯⋯⋯⋯⋯⋯⋯096

5.3　投稿变现——3 种投稿渠道及投稿变现流程⋯⋯⋯⋯⋯097

5.4　头条号、百家号征文变现——征文变现的八大注意事项⋯⋯101

5.5　剧本杀变现——市面上常见的剧本杀变现模式⋯⋯⋯⋯106

5.6　知乎短故事变现——把故事变成钱⋯⋯⋯⋯⋯⋯⋯⋯110

5.7　图文带货变现——商业合作的最直接变现模式⋯⋯⋯⋯112

第6章　如何找到适合自己的商业写作平台？⋯⋯⋯⋯⋯⋯⋯116

6.1　公众号投稿平台搜索技巧⋯⋯⋯⋯⋯⋯⋯⋯⋯⋯⋯⋯116

6.2　六大图文带货运营技巧⋯⋯⋯⋯⋯⋯⋯⋯⋯⋯⋯⋯⋯118

6.3　我为什么不鼓励新人进行投稿变现？⋯⋯⋯⋯⋯⋯⋯124

第7章　人工智能如何辅助商业写作变现？ 127

7.1 人工智能辅助软广、硬广文案变现技巧 127

7.2 人工智能辅助投稿变现——一键拆解投稿诉求，生成优质文章 130

7.3 人工智能辅助征文变现——保证商业性的5个底层逻辑 133

7.4 人工智能辅助剧本杀变现 138

7.5 人工智能辅助图文带货变现 144

IP写作变现篇

第8章　四大IP写作变现教程全讲解 149

8.1 微博商业合作变现——现阶段微博变现的底层逻辑 149

8.2 影评文案变现——6种影评文案变现模式，深度参与IP变现 152

8.3 付费专栏变现——交付产品的第一步 154

8.4 付费咨询变现——IP变现的核心，让知识变成钱 162

第9章　人工智能实现IP创作三部曲 167

9.1 人工智能辅助深度垂直创作，打造优质账号 167

9.2 "叫好又叫座"的十要素，打造高粉账号 172

9.3 人工智能辅助创作干货资料，拉私域打付费模式 177

第10章　人工智能辅助四大IP变现的流程 180

10.1 人工智能辅助微博泛商业合作变现——三个公式，一键垂直输出 180

10.2 人工智能辅助泛影评文案变现——六套模板，打造立体影评人设 184

10.3　人工智能辅助付费专栏变现——5步信息检索法，3步高效创作法 …… 188

10.4　人工智能辅助付费咨询变现——人工智能秒变小助理 …… 193

图书写作变现篇

第11章　四大图书写作变现教程精讲 …… 197

11.1　拆书稿变现——把书变成钱的泛商业、泛流量方式 …… 197

11.2　荐书稿变现——把书变成钱的高效商业模式 …… 200

11.3　读书变现——读书变现的6种方式拆解，打造人设是关键 …… 201

11.4　图书出版变现——图书写作变现的终极模式，青年作家的硬核背书 …… 203

第12章　人工智能辅助读书变现全流程 …… 207

12.1　人工智能辅助拆书稿变现四大公式 …… 207

12.2　人工智能辅助荐书稿变现 …… 211

12.3　人工智能辅助读书变现 …… 215

12.4　人工智能辅助图书出版变现 …… 218

写给读者的话 …… 224

流量写作变现篇

AI写作　21种商业写作方法详解

流量写作变现是所有写作变现模式中较为容易的变现模式。通俗来讲，只要我们写出来的内容有人看就有收益，一般每万阅读量的收益在 10～30 元不等。当然，也有一些特殊平台，万阅读量的收益在 1～10 元波动。

第1章
6大流量文写作变现自学教程，让文字直接变成钱

对于新媒体流量文来说，目前市面上较为流行的有6种变现模式，如图1-1所示。

图1-1 新媒体流量文的6种变现模式

目前市场期望值最高的是图文转直播变现，也就是常说的数字人变现。

但在过去一段时间里，我浏览了大多数的数字人直播变现模式和部分数字人直播公司，得出一个结论：这里面的水很深，新人很可能一不留神就会掉到坑里。

对于新手来说，最优选择是以今日头条、百家号流量文，公

众号流量文及网文变现为主。

1.1 今日头条、百家号流量文变现——最简单的流量变现模式

目前市面上常见的新媒体变现平台种类繁杂，如网易号、知乎号、一点号、大鱼号、企鹅号，等等。上述新媒体平台有以下四大特点（见图1-2）。

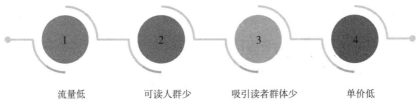

图1-2 新媒体平台四大特点

所以，这些平台更倾向于作为内容分发。除了上述平台外还有两大平台是新人需要牢牢把握的，如图1-3所示。

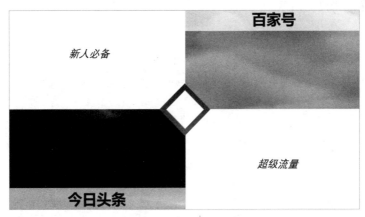

图1-3 新手必备两大平台

在具体讲解这两大平台之前，先给大家展示一下我在这两个平台的

收益，如图1-4和图1-5所示。

图1-4　今日头条收益

图1-5　百家号收益

在这两个平台上进行内容创作，一个账号每日更新3～5条内容，连续创作2～3年，总收益有20万～30万元。

但实际情况是，收益远不止如此，除了"刘丙润"这个账号外，我还有"丙润先生""冷面人的梦""刘丙润讲写作""刘丙润讲历史"等诸多账号，而这些账号带来的叠加收益非常可观。

除了这两大平台外，再给大家看一下我在其他平台的收益，如图1-6～图1-8所示。

图1-6　小平台（一）的收益

图1-7　小平台（二）的收益

图1-8 小平台(三)的收益

暂且不论收益多少,但至少可以给大家一个参考(部分平台只适用于内容分发)。当然,这也只是我个人的创作收益,并不能代表每一位内容创作者。

就以网易号为例,部分内容创作者被网易平台独家签约,在前几年的时候日入100元以上还是轻轻松松的,而优质垂直内容在企鹅号平台上获得的收益也是超乎想象的。可对于绝大多数的普通内容创作者来说,在没有高度优质的内容、无法做到垂直发展,且没有获得平台赏识的情况下,在今日头条和百家号这两个平台上创作就是最优选择。

如果我们想要在今日头条或百家号上获得流量收益,需要开通哪些权限呢?下面我分开进行讲解。

平台一:今日头条

我们首先打开今日头条,点击"我的"—"全部"—"创作首页"—"创作权益"。在创作权益中,我们需要开通基础权益中除"头条首发"以外的所有权益,以及在百粉权益中的所有权益。

今日头条基础权益开通如图1-9所示。

图1-9 今日头条基础权益

今日头条百粉权益开通如图1-10所示。

图1-10　今日头条百粉权益

接下来我将按顺序给大家讲解。

要在今日头条进行变现写作，需要开通的权益共两种，如图1-11所示。

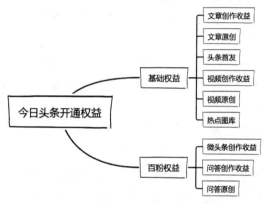

图1-11　今日头条开通权益

1. 百粉权益

开通"微头条创作收益"，能够保证我们在今日头条上发布的微头条内容获得收益，并且这一部分收益全归作者所有。

"问答创作收益"和"问答原创"功能等同于文章创作收益和文章原创功能，开通后能够获得更多的流量加持。

当下阶段今日头条的问答板块发展得的确不景气，短期内也很难有起色，所以我们在头条上做内容创作时，建议以文章为主，以微头条为辅，问答内容暂且先放一放。

2. 基础权益

接下来我们重点讲解一下头条首发功能。

打开头条首发，其详细内容如图1-12所示。

```
1.声明「头条首发」的条件
  ○ 正文不少于300字
  ○ 内容满足声明「原创」要求
  ○ 内容首发在头条平台，并且在发布后的72小时内未在其他平台发布
  ○ 同个作品仅在头条平台发布过一次

2.违规声明「头条首发」的处罚
创作者如果违反「文章头条首发」功能使用规则，平台将扣除20分信用分和该内容的全部创作收益，并做摘标处理。
在180天内，若
  ○ 首次违规：摘除「首发」标识及该内容的全部创作收益，扣除20分信用分；
  ○ 二次违规：摘除「首发」标识及该内容的全部创作收益，扣除20分信用分；
  ○ 三次违规：摘除「首发」标识、扣除20分信用分和该内容的全部创作收益并永久关闭「头条首发」功能使用权限。
```

图1-12 头条首发详细内容展示

关于头条首发，重要的使用条件是内容首发在今日头条平台，且在发布后的72小时以内未在其他平台发布。一旦我们遵守这个规则，就意味着我们无法进行多平台分发。

如果我们的百家号、公众号等高流量平台没有做起来，那则罢了；但如果这些平台的收益本就比头条平台的收益高，那么开通"头条首发"功能则意义不大。更重要的是，发布后72小时内若未在其他平台发布，就会面临一个问题——平台的内容扒手问题。

我在今日头条进行内容创作的过程中，有人抄袭我的文章发布到其他平台上，或者直接一键粘贴文章到其他平台上的情形有很多，系统是能够监测到的，如图1-13所示。

图1-13 今日头条个人账号被复制抄袭的文章数量

在自媒体平台上进行内容创作,被侵权或被抄袭的情况比比皆是,甚至会有一些工作室来盯我们的账号。一旦我们只在头条或百家号平台发布,他们就会把我们的内容分发到全网各大平台。

我的头条文章在已经被分发到全网各大平台的前提之下,仍然有如此多的侵权数据,足以证明我们在进行内容创作时自证清白的难度极大。说得直白一些,我们在进行内容创作的过程中,即便点击了文章首发,且只发今日头条一个平台,可是一旦文章被其他平台的其他创作者剽窃,都会增添不小的麻烦。

除非我们是运营老手,知道维权的流程,花费大量的时间和精力来运营维护,且证明这篇文章是自己的原创,证明自己的原创内容只发在今日头条平台,否则就会有被扣分,甚至被封禁对应功能的风险。

所以对于文章首发功能,我只强调一句:如果只在今日头条平台上运营,且短期内没有在其他平台运营的打算,那可以开通文章首发功能,如果想多平台运营,文章首发功能其实就形同虚设。

平台二:百家号

我们再来看百家号的账号基础权益界面,如图1-14所示。

图1-14　百家号平台的账号权益

这个界面当中的基础权益均可开通。其中最重要的权益有两个(见图1-15):

- 图文广告收益；
- 创作人认证完成。

图1-15 重要权益

进行创作人认证后，能够获得更多的权益和创作收益，而开通图文广告收益后，则能获得图文下方广告点击率对标的收益。

相较于头条号而言，百家号的收益单价会更高一些，尤其是从最近一两年的发展趋势来看，百家号收益已经有碾压头条收益的趋势，但相对而言，头条号的阅读群体更大，流量充足，百家号的阅读群体较小，审核较为严苛。

两者处于互补状态，短期内难分胜负。

1.2 公众号特殊流量文变现——打造闭环私域流量变现

公众号运营在2019—2021年口碑不是很好。要注意，这里所说的口碑不好，不是公众号运营出现了问题，也不是公众号平台出现了问题，而是对新人着实不友好。在那段时间，新人想在公众号分一杯羹，难如登天，无论如何努力，都很难赚到理想收益。而老手却赚得盆满钵满，不管是5万"粉丝"还是10万"粉丝"，只要"粉丝"的黏性够足，一个月可以轻松赚到1万～2万元的收入。

但近几年公众号对新人越来越友好，根据我的经验来看，只要肯持续输出一个月，月入5000元问题不大。这仅是一个平台、一个账号、一个月的收益。对于新人来说，当作全职收益都是绰绰有余，如果再把其他平台全部运营好,那收益会更可观。

我给大家展示一下我在公众号的收益,如图1-16所示。

图1-16 我的公众号的收益

虽然公众号收益高,但其运营的烦琐程度也远超今日头条和百家号。我给大家按流程讲解一下,如何在公众号上获取流量收益。

首先,想要开通流量收益,就必须开通"流量主"功能,要求如图1-17所示。

图1-17 开通流量主功能的要求

运营过公众号的小伙伴都知道,获得最开始的500粉丝难度最大,所以要通过特殊方式来引流,让公众号先达到"粉丝"最低阈值。这里有3个涨粉技巧,如图1-18所示。

图1-18 公众号涨粉三大技巧

技巧一：通过朋友圈、微信社群来引流。公众号对于"粉丝"异常的相关监测不是非常严格，所以我们可以巧妙借助外力。如果我们的公众号"粉丝"数量想达到400～450人，让亲朋好友帮忙点个关注即可。

技巧二：提升可读性高的内容的创作量。公众号一次可发8篇文章，如果我们每天发8篇，且每篇文章都可读性极强、互动性极强，能抓住读者眼球。那么只要有一篇文章是爆款，带来的"粉丝"增量都会超过想象。我的"粉丝"数量从500涨到1500只靠两篇文章。由此可见，只要内容足够优质，"粉丝"增涨无须多费心思。

技巧三：大号引小号。正式运营公众号前，先考虑自己的发展方向，持续输出几篇优质内容，再找同类优质、高"粉丝"账号私信，承诺给予他们部分费用（一般2000元起步），要求他们写一篇推荐自己公众号的推广软文。这种操作的成效非常显著，优势在于无形中吸引了别人的垂直类"粉丝"，且把这部分"粉丝"直接转化为自己的黏性"粉丝"，适合于商业变现模式。

在公众号平台发文和在其他新媒体平台发文的模式不同，所以下面我们重点讲解一下。

（1）打开公众号发文界面，然后点击"首页"，点击"新的创作"下方的"图文消息"，如图1-19所示。

图1-19　步骤（一）

（2）图1-20所示的界面是在公众号发表图文时的主界面。

图1-20　步骤（二）

该界面中只有一个发文端口，那如何一次性发8篇文章呢？

（3）我们点击左侧下方的"新建消息"，持续点击就可以发现，最多能够选中8个发布消息的端口，如图1-21所示。

（4）点击第1篇，然后在该页面右侧输入标题、作者、文章。为了便于理解，我用人工智能来撰写一篇文章（见图1-22），具体的生成方式会放在第2章及之后章节中详细讲解。

在公众号平台发文，需要注意的事项如下。

首先，进行内容创作时必须有作者名字，可以是自己的账号昵称，也可以是这篇文章的实际撰写者，自由安排即可。

图1-21　步骤（三）

其次，我们在选图片时，既可以从正文选择，也可以从图片库选择，如图1-23所示。

图1-22 步骤（四）

图1-23 步骤（五）

文章设置界面有个特殊功能——"不允许被平台推荐"，如图1-24所示。它的作用如图1-25所示。

这是公众号的特殊功能，使用该功能后意味着内容只会被推荐到"粉丝"界面，在"看一看"和其他推荐页面中不被推荐。除非内容特殊，否则直接放弃该功能即可。

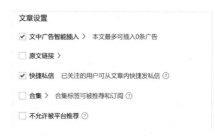

图1-24 "不允许被平台推荐"功能

此外，当对公众号声明原创后，可以开通白名单（见图1-26）。开通白名单便意味着如果其他人使用我们的文章，对方则不会被平台追责，其文章也不会被一键下架。需要注意的是，除非是合作关系，否则不要轻易开通白名单。

图1-25 功能介绍　　　　图1-26 开通白名单图示

写完一篇文章后，点击"保存为草稿"，连续写完8篇文章后，一键点击"群发"即可，如图1-27所示。

图1-27 保存和群发功能

在群发的过程中，需要绑定的微信号扫码确认，按照对应流程操作即可。这里有一个特殊问题，即我们在公众号内容创作的过程中，如果被侵权了怎么办？

这种问题常见于多平台分发，如果把文章发在今日头条、百家号等多个平台，再同步到公众号上，公众号当日发布的时间一定是最后一篇文章发布的时间。因为公众号一天只能发布一次，一次最多可发布8篇，所以需要储备8篇文章再进行发布。该过程中可能存在我们把文章发布在其他平台，而其他平台的内容流量扒手把我们的文章同步到公众号的情况。这样一来，当我们再在公众号发布时，就会显示内容抄袭复制、无法发布等相关字样。

这个时候我们就需要进行维权，如图1–28和图1–29所示。

当公众号运营者对于处理存在异议时，可以进行申诉，每个处理有一次申诉机会。

申诉状态　已通过
申诉提交时间　2023年05月18日

图1–28　维权处理图示（一）

被处理内容

内容标题
被处理原因　该内容与其他账号发表的更早内容相似

申诉内容

申诉原因　首发今日头条号：刘丙润 今日头条号链接：https://www.toutiao.com/article/7234325610808525351/ 麻烦您告诉我下，究竟是谁一直抄袭我的文章，为啥每次申请原创都不通过？
申诉证明材料
原创内容链接　https://www.toutiao.com/article/7234325610808525351/

图1–29　维权处理图示（二）

在公众号申诉维权时要写清申诉原因，同时要标记好首发于哪一平台的哪一账号，并把首发链接填进去。除此之外，还需要截后台界面图片，标记好内容的原创链接。进行申诉时要注意，公众号运营者处理这类抄袭事件只有一次机会（见图1–30），一旦这次机会使用不当就会申诉失败。而此次申诉失败意味着这篇文章的所属权不归我们，很难再进行后续申诉。

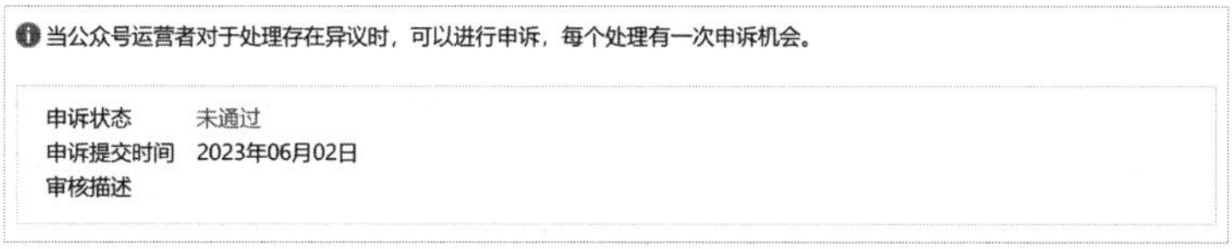

> ⓘ 当公众号运营者对于处理存在异议时,可以进行申诉,每个处理有一次申诉机会。
>
> 申诉状态　　未通过
> 申诉提交时间　2023年06月02日
> 审核描述

图 1-30　申诉失败图示

1.3　免费网文变现——番茄、七猫、新兴网文平台变现

2020年4月21日,今日头条小说频道更名为番茄小说,当时谁也没料到,这次更名会给未来的网文圈带来一场"腥风血雨"。准确地说,番茄小说所代表的免费网文平台,在某种程度上搅动了网文平台的发展大趋势。

在过去很长一段时间里,网文小说平台主要分为两大类,即以起点为主的付费网文平台,以及众多盗版网文平台。盗版网文平台可以免费阅读,但时效性及准确性存在偏差。而正版网文平台有更好的互动性,且以作者为主的IP能很好地贴合网站发展。虽然读盗版小说为人不齿,但不得不承认,在过去若干年里,盗版小说占据的市场优势丝毫不比正版小说差,而番茄小说横空出世,更是在某种程度上扭转了这一局面。

更难能可贵的是,番茄小说并不是单一网站,2019年它依托于今日头条,2020年它独立于今日头条,且首次亮相中国网络文学家大会。在此之后,凭借今日头条、抖音等字节跳动旗下的一系列App,借力打力,以迅雷不及掩耳之势拓宽市场,提升了品牌知名度,也打造出了很多优秀的网文小说。

七猫免费小说平台,是上海七猫文化传媒有限公司旗下的小说阅读服务软件,于2018年8月上线。平台提供的内容以正版、免费、优质的网络文学为主,包括但不限于言情小说、玄幻小说、青春校园小说、修仙小说、悬疑小说等。而七猫小说又有百度作为大靠山,平台流量只增

不减，与番茄小说网有齐头并进的态势。

了解完当下这两款较为火爆的免费网文平台，我问大家一个问题：

"免费网文平台的部分作者通过网文轻松月入过万，而读者在阅读网文时又不会产生任何付费项目，那平台究竟是如何给作者分钱，甚至给读者分钱呢？"

在这里我给大家揭秘一下免费网文平台的运营模式，如图1-31所示。

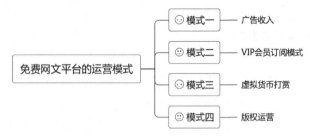

图1-31　免费网文平台的运营模式

模式一：广告收入

一些网站会在小说章节与章节之间穿插广告，或在关键章节的关键剧情处穿插广告，读者想阅读小说就必须预览或点击广告。这种广告穿插模式能够给广告商带来足额利润，广告商非常愿意在部分网文平台上进行内容产品交付，以此来达到双向利益。

模式二：VIP会员订阅模式

多数读者都不希望阅读网文时有广告，或是希望减少广告出现的次数和频率，除了开屏广告外，原则上其他广告一个也不想见到。对此，这部分读者就可以采用会员订阅模式，每个月花5～50元购买免广告的阅读权益，而这种会员订阅模式也能给平台带来足额利益。

模式三：虚拟货币打赏

以番茄小说为例，读者在番茄小说App打赏签约作品时就会产生收益。对于这部分收益，作者能获得扣除渠道费用后的70%。这里需要补充的是，因为苹果端和安卓端的收费渠道不一样，导致苹果端所能获得的直接收益会低于安卓端获得的直接收益，如图1-32所示。

> **打赏收益说明：**
> - 读者在番茄小说App打赏签约作品产生的收益，作者获得**扣除渠道费用**后的70%；
> - 因安卓端与iOS端收费渠道不一致，导致同样的礼物在安卓端和iOS端价格不一致，因此在收益明细中，会出现「同样的礼物收益不一致」的情况。

图1-32　打赏收益说明

模式四：版权运营

除上述模式，免费平台还可以把小说外包给某些影视公司、出版社以获取版权费用，然后将这部分版权费与作者进行利益互换。对于作家而言，如果没有平台就没有高知名度，所以舍弃一部分利益给出版社或给网站也在情理之中。对于网站而言，前期孵化了这么多作者，最终若有3～5位作者能被打造成大IP，就能给平台带来可持续性收益，属于典型的双向互利。

除此之外，平台还有其他可获得盈利的方式，包括但不限于商业布局、公司上市等多种，在此不做赘述。

那么在免费平台上，作者如何获得收益呢？

以番茄小说网站为例，作家可以在番茄小说网上进行内容发表，也可以联系编辑内投。作品符合平台标准会被签约，签约后会经历两个时间段，分别是验证期和推荐期。验证期在小说字数达到8万字开始，推荐期在小说字数达到10万字开始。验证期和推荐期这两个阶段都属于平台给予流量的加持阶段。如果网文黄金三章到黄金十章非常优秀，能吸引到部分读者群体，就可以获得万人在线阅读的可观数据。按照每万人在线阅读收益在50～150元来算，就可以轻松实现日入过百元、月入过3000元的收益。如果平台推荐的流量很大，我们能接触的流量较多，每天在线阅读人数能达到4万，那么当日获得的收益就有可能突破400元。

简单理解，作者在免费网文平台获得收益的直接方式就是通过在线阅读人数。在线阅读人数越多，意味着人们点击广告的概率越大，点击广告的数量越多，作者所能获得的持续收益也就越高。

1.4 付费网文变现——起点、纵横、飞卢等老平台变现模式

除了免费网文平台，还有付费网文平台，包括但不限于起点、纵横、飞卢、晋江潇湘、17k等。这些平台普遍具有图1-33所示的特点。

付费平台对于新手来说签约难度大是不争事实，尤其是起点中文网，其在所有网文平台中含金量是最高的，尤其是涉及男频的传统玄幻。

图1-33　付费网文平台的特点

除免费网文平台的运营模式外，付费网文平台还多了一份额外收入——读者的订阅。读者订阅涉及另一个关键词——内容上架。

假定作者在起点平台上发表网文达到一定字数，且网文质量较高，就有一定概率被平台签约。被平台签约后，需每日至少更新两章，每章字数至少2000字。要注意，一般更新到足额的字数后，平台会开放第1批推荐，如果数据可观，就会有第2批、第3批推荐。这里的推荐积累的是初始阅读人数。

经过系列数据测试后，如果这本小说的读者数量可观且黏性足，这种情况才会被平台上架，读者需要付费阅读。

付费平台相较于免费平台的优势如图1-34所示。

图1-34　付费平台相较于免费平台的优势

优势一：付费平台知名度更高、更广

付费平台在早些年的市场竞争中留存下来，经历过最早一轮的网文平台竞争，更具备发展韧性，同时知名度也相对较广，比如起点、飞卢等付费网文平台，仍然是大部分优秀网文作家的首选。

优势二：付费平台发展模式成熟

付费平台在过去10多年里已经摸索出一整套发展变现路径，甚至与各大品牌方、各大合作方、各大视频平台建立了密切的利益合作关系。遇到优秀的网文本子时该怎么发展，付费平台完全可以拿早期的发展模式一键复制，既能保证平台获利较多，也能让作者受益。而关于这部分流程，免费平台仍处于摸索状态。

优势三：付费平台的页面更干净

相较于某些免费平台、盗版网站，付费平台的页面更干净，没有乱七八糟的广告。即便有，也都是在左侧栏或右侧栏，不会频繁出现，更不会强制用户阅读广告。

除此之外，首先付费平台的用户群体含金量更高，因为他们阅读到某一章节，大概率是会花钱的。其次，根据我们对网文作者的市场调研，越是喜欢免费的用户群体，平均素养往往越低，因为免费阅读没有门槛，在阅读的过程中很可能会出现某些极端情况或极端行为。付费阅读群体中这种情况则少得多，尤其是付费阅读自己喜欢的网文，遇到优秀情节、爽点时打赏的也不在少数。

免费平台相较于付费平台的优势如图1-35所示。

图1-35　免费平台相较于付费平台的优势

优势一：免费平台可以无门槛阅读

当某些优秀的网文用付费阅读的模式向读者开启阅读通道时，部分读者便会考虑免费网站。免费的网文平台没有阅读门槛，且在阅读过程中不会收取任何费用，因此能吸引的读者往往更多。

优势二：免费平台能够更好地促进读者互动

免费网文平台当下的发展趋势呈现简单化特点。比如，签约几乎无门槛，签约后的变现门槛较高，属于宽进窄出的发展路子，很可能引导部分读者在阅读过程中产生某些想法，并进行内容创作。如果平台可以促使读者与作者间的身份相互转换，并把这部分转化进行巧妙运作，那么很有可能会获得源源不断的创作灵感和创作活力。

1.5 图文转视频变现——中视频计划流量变现

各大平台的视频变现模式大概分为三类，我们先对这三类视频进行详细讲解，然后讲解三类视频当中最重要的中视频计划。

第1类：3:4或9:16的竖版视频

竖版视频从结构和审美上更适合用户群体，这也是为什么近年来各大短视频平台都以竖版视频为主。

竖版视频有三大特点。

（1）以短视频平台为主。这里的短视频平台包括但不限于抖音、快手、小红书、微信视频号。目前最具备发展潜力的是小红书，视频发展潜力相对靠后的是微信视频号、快手及抖音。之所以如此排序，是因为现阶段抖音、快手的发展趋于饱和，想在这些平台上获得收益，难度极大。除非有好的切入点并进行持之以恒的创作，否则流量以"老人"为主，很难兼顾新人。

（2）竖版视频能获得的直接流量收益非常少。横版视频无论是在企鹅号、大鱼号、今日头条、百家号还是B站等平台上进行发布，都会有基础流量收益，而竖版视频则很难有基础流量收益。虽然部分平台（如抖音、快手）开通了视频创作的激励计划，但以我的快手号为例，直接月利润能突破8万元，但流量利润可能连80元都不到。

（3）竖版短视频的时长相对较短，很少见到爆火的竖版短视频的时长超过3分钟，多在15～60秒之间，而且以唱歌、跳舞等轻快节奏为主。

知识博主暂且不计入在内,因为知识博主依附于特殊群体,创作的竖版短视频往往黏性很强。虽然点击人数较少,但一旦观看,跳出率普遍偏低。

竖屏视频的三大特点如图1-36所示。

图1-36 竖屏视频的三大特点

第2类:16:9的横版视频

横版视频有三大特点。

(1)横版视频的流量单价相较于竖版视频更高,与图文变现的模式类似。一般按照每万阅读量进行收益计算,现阶段以今日头条为主的部分平台给予横版视频的单价持续走低,但在这种情况下也能保证每万阅读量的收益在10～30元之间。横版视频的爆款概率普遍偏低,除历史、国际政治、新闻时事热点等内容外,大部分横版视频流量惨淡,获得的直接流量收益偏低。

(2)横版视频可多平台分发,能获得持续收益。比如,一条横版视频原则上可分发到今日头条、百家号、企鹅号、大鱼号、B站、知乎等多个平台,相当于一条视频可获得多份收益。

(3)横版视频更注重内容增量,而不是休闲娱乐。具备一定知识体系的博主优势更大,不需要考虑美颜,也不需要展示才艺,只要把自己了解的知识以口播的方式对外展示,就能获得流量。

横版视频的三大特点如图1-37所示。

图1-37 横版视频的三大特点

第 3 类：图文视频

这里的图文视频不是图文转视频，而是单纯的图文视频。以抖音、快手平台为例，创作者截取文字或自己写文字，组成一张又一张的文字图片，然后上传，再配上背景音乐，就能获得流量。这部分流量的变现方式非常特殊，一般没有流量收益，也没有挂载收益，更不会有大品牌方前来洽谈合作。这类视频一般是接一些软广，以每条商业报价 50～500 元来计算，获得的利润较少，但可操作性较强，对于新手较为友好。

接下来重点讲解中视频计划，如图 1-38 所示。

图 1-38　中视频计划

中视频计划可以简单理解为一条视频，分别同步到西瓜视频、抖音和今日头条，获得三份收益。这是今日头条推出的重磅活动，准确地说，2022 年中视频计划的确获得了部分市场红利，且有大量的视频内容创作者从中分到了一杯羹。

中视频计划的推荐尺寸一般是 16:9、18:9 或 21:9。

申请加入中视频计划的硬性条件如图 1-39 所示。即发布时长大于等于 1 分钟，且公开可见的原创横版视频总播放量达到 17000，就可以进入审核阶段。审核通过后，则直接加入中视频伙伴计划。

2. 申请加入中视频伙伴计划后，如需完成申请任务，平台将根据活动规则对视频内容质量进行审核，审核通过后即可成功加入中视频伙伴计划。
　　1）通过西瓜创作平台、西瓜视频 App、抖音 App(1880 及以上版本，开启同步至西瓜视频和今日头条)、抖音中西瓜视频小程序、剪映中西瓜视频发布且大于等于 3 篇原创横屏视频，视频需声明原创，公开可见且（抖音、西瓜任意一端）不可删除，时长≥1 分钟。
　　2）通过西瓜创作平台、西瓜视频 App、抖音 App（1880 及以上版本，开启同步至西瓜视频和今日头条）、抖音中西瓜视频小程序、剪映中西瓜视频发布的所有公开可见的、原创横屏视频（时长≥1 分钟在西瓜视频、抖音、今日头条三大平台的总播放量达到 17000。

图 1-39　加入中视频计划的硬性条件

为什么说中视频伙伴计划是图文转视频变现模式的重中之重？因为中视频计划可以很巧妙地将西瓜视频与抖音结合，而抖音现今的流量市场极大，如果我们在西瓜视频上发布的视频能同步到抖音，且抖音能给我们带来巨大的观看人数，这部分观看人数还能带来大量的"粉丝"，那么后续的变现模式则可以走IP变现之路。

在这里顺便补充一下，图文转视频模式原则上分为两种（见图1-40）。

图1-40　图文转视频的两种模式

第1种变现模式更多是依托于团队合作及对视频的领悟能力，创作难度极大，带来的收益相对偏低，不太适合新手。所以，在本书中我会重点讲解图文转视频的第2种变现模式。

1.6　图文转直播变现——数字人直播变现

本节将讲解当下不温不火，但在未来非常值得期待的图文转直播变现——数字人直播变现。

关于数字人直播变现，大家可能会感到陌生。因为版权问题，我不能展示过多图片。但是我可以给大家讲解一下，如何分辨哪些直播是数字人直播。打开抖音、快手等短视频平台，我们会发现有一些账号连续直播超过24小时，且中途不存在更换主播的情况，其在直播时与观众虽有互动，但互动很勉强，说话语调相对单一，很明显是机器声音，这类直播可以统一归为数字人直播。

数字人直播有以下几大优势，如图1-41所示。

图1-41　数字人直播的四大优势

优势一：可以实现24小时×7天的直播

数字人直播的最大效益，是可以全年直播，不受时间和主播疲劳程度的限制，并且能尽可能地实现与观众的实时交流，起到促成交的作用。

优势二：成本偏低

目前市面上的数字人直播报价为一年几百～几万元不等，且还有一些数字人直播软件不限制使用的电脑主机数量。这意味着使用一个数字人直播，可以同时取代若干个真人主播，可以完全省下这些主播的工资及五险一金。

优势三：可以使用方言或多语言

数字人直播可以借助相关软件实现以方言直播，拉近与观众的距离。也可以使用其他国家的语言直播，实现跨境电商直播。

优势四：精确度高并且能对关键词遴选

数字人直播，可以简单理解为是"人工智能+语音"的结合体。人工智能处理文字，再将文字转换成对应的声音，就能保证输入关键词或敏感词时，数字人能进行一键追踪。比如，观众提问"如何购买""在何处购买""购买时有何优惠"时，数字人就可以优先处理这些问题。

有优势就有劣势，整体来看数字人直播有以下几大劣势，如图1-42所示。

图1-42 数字人直播的三大劣势

劣势一：目前国内数字人直播仍存在版权问题

虽然数字人直播时声称，只要购买会员就没有侵权风险。但平台的宣传与实际情况有所出入，数字人直播时生成的面部表情等一系列内容都有可能造成侵权。

劣势二：数字人直播无法做到情绪化

所谓的情绪化，是能引导用户群体进行购买，或产生消费欲望的相关话术。这部分内容，数字人直播无法生成，只能依托于用户的肌肉记忆。比如，用户信任某个品牌，刚好这个品牌的数字人在直播，且直播间下单更优惠，用户就有可能下单。

劣势三：目前数字人直播的功能仍不完善

国内数字人的发展，已经处于全球领先地位，但即便如此，数字人直播仍存在诸多缺陷。系统方面的问题，短期内无法解决，或者说很难解决。这就导致部分采用数字人直播的品牌，卖的是利润，割的是韭菜，用户一定要擦亮眼睛，慎言、慎行、慎购买。

第 2 章
人工智能辅助创作与
人工智能一键生成

我在上一章重点讲解了6种写作变现模式，本章将重点讲解如何使用人工智能进行辅助创作，以及如何一键生成相关流量变现内容。人工智能出现前，我们想写出好文章，只能冥思苦想、手动码字；想把文章变成视频，以直播的方式展现，就必须通过剪辑软件或直播软件来实现。现在我们有了更好、更巧妙的解决方法，本章我将以"教学+公式"的方式进行实操展示。

温馨提示●

在对流量文进行调试的过程中，讯飞星火认知大模型对故事的逻辑构造能力要略高于文心一言和ChatGPT。为了保证本章内容的连续性，我们从2.2节开始，统一用讯飞星火认知大模型做内容调试。

2.1 人工智能数据"投喂"全流程讲解

在具体讲解如何运用人工智能生成文章、视频前，我们要先搞明白人工智能数据的"投喂"流程。为了便于讲解及防止赘述，除2.1节外，其他所有章节均不会讲解人工智能数据"投喂"流程，所有相关内容，直接对照2.1节即可。

接下来我们对不同人工智能软件进行提问。

> **对 ChatGPT 进行提问：**
> 请问如何看待刘丙润老师？

> **ChatGPT 回答：**
> 　　刘丙润老师是中国著名心理学家和教育家，以其在教育领域的研究和贡献而闻名。对于如何看待刘丙润老师，这涉及个人观点和立场，但以下是一些常见的看法和观点。
> 　　1. 学术成就：刘丙润老师在教育和心理学领域有着丰富的学术研究和实践经验。他的研究和著作对中国的教育改革和发展产生了积极影响，因此，一些人将他视为教育领域的权威和专家。
> 　　2. 教育理念：刘丙润老师提倡终身教育、个性化教育和全面素质教育，这些理念在中国的教育改革中具有重要影响力。他的理念是强调培养学生的创造力、创新能力和综合素养，这些观点在一些人看来是非常有价值的。
> 　　3. 争议和批评：与任何知名人物一样，刘丙润老师也面临一些争议和批评。一些人可能对他的教育理念持不同意见，或认为他的一些观点在实际应用中存在问题。此外，也有人对他的个人行为和言论提出批评。
> 　　总之，如何看待刘丙润老师取决于个人的教育观点、背景和价值观。有些人可能尊重和崇拜他的工作，也有些人对他的观点持不同意见。要全面了解一个人，最好的方式是研究他的工作和观点，然后形成自己的看法。

> **我们继续对文心一言进行提问：**
> 请问如何看待刘丙润老师？

> **文心一言回答：**
> 　　刘丙润是一位在写作领域有着不俗成就的作家，他的成长经历和成果值得我们借鉴。
> 　　刘丙润在2015年进入自媒体行业，经过几年的努力，他在写作行业逐渐积累了影响力，并成为某些平台的评委及签约作家。他的文章从最初的几百元、几千元，到现在可以获得数万元的收益。他不仅拥有了自己的团队成

员、更完备的写作培训课程，同时也有几本书即将出版。刘丙润的成功来自他坚持不懈的努力和对写作的热爱，他的成果也在不断地被认可和肯定。

总之，刘丙润是一位很有前途的95后作家，他的成长经历和成果值得我们学习和借鉴。

> 🔟 我们继续对讯飞星火认知大模型提问：
> 请问如何看待刘丙润老师？

> 💡 讯飞星火认知大模型回答：
> 刘丙润老师是一位在写作领域有着丰富经验的专家。他的从业经验达到8年，全网阅读量破2亿，"粉丝"数破100万。他的作品包括《结构化写作：新媒体高效写作手册》等，这些作品作为现代网络文章的基础写作教程，非常接地气。此外，他在抖音上也有账号，分享关于写作的知识和技巧。
>
> 从以上信息可以看出，刘丙润老师在写作领域有着深厚的理论基础和实践经验，他的作品和教学视频深受广大网友的喜爱和追捧。他的理论和技巧对于提升读者的写作水平，尤其是新媒体时代的写作能力，具有很大的帮助。因此，可以说刘丙润老师是一位值得尊敬和学习的优秀写作导师。

通过上述三个回答，我们不难得出以下结论。

对任何一款人工智能进行提问，无论是否有正确答案，它都能给予回应，但这部分回应很难符合我们的预期。比如，我需要人工智能对我做一个评价，评价不能局限于几本书籍，而应是一个全面、立体的评价。那么如何能让人工智能给予这样的评价呢？我们接下来对ChatGPT、文心一言、讯飞星火认知大模型进行对应的数据"投喂"。

● "投喂"数据一：刘丙润，丙润传媒创始人、自媒体写作导师，9年自媒体从业经验，靠写作实现月入7万元。

● "投喂"数据二：曾进行数百次公益写作内容分享，先后担任悟空问答营、写作训练营、基础写作营、读书营、小红书写作培训导师，培训付费学员2000+，免费教学成员8000+，组织并撰写15节零基础写作专属变现课程、45节零基础自媒体视频课、9节自媒体认知课等多项课程，有极专业的自媒体教学经验。

● "投喂"数据三：全网"粉丝"达百万，文章累计阅读量破2.5亿，先后获得快传号讲师认证、快手签约内容创作者、百家匠心计划签约作者、百家优选计划文史频道推荐官、百家榜、四次月度百家榜、头条营销价值榜、月度优质账号、近百篇青云奖、腾讯企鹅奖、春雨计划等多项荣誉，并获得部分平台流量专属扶持激励。

我们把这些数据依次"投喂"到上述三大平台并提问。

> 如何看待刘丙润老师？

⑤ ChatGPT回答：

根据提供的信息，刘丙润老师似乎在自媒体领域相当成功，且在自媒体写作方面拥有丰富的经验。他的成就包括月入7万元、数百次的公益写作分享、担任多个写作训练和培训营的导师、培训了大量付费和免费学员，以及获得了多项荣誉和认证。他的文章阅读量也非常高，"粉丝"数量众多。

如何看待刘丙润老师取决于您的需求和兴趣。如果您对自媒体写作和自媒体领域感兴趣，他的经验和教学成就可能会让您对他有很高的评价。他的成功和荣誉表明他在这个领域有一定的影响力，且具有一些有价值的写作技巧和经验。

然而，要完整了解一个人，还需要考虑其教育背景、道德和价值观等因素。此外，个人看法和立场也会影响对他的看法。如果您对刘丙润老师有兴趣，可以深入研究他的教学内容和观点，以便更全面地了解他。

◎ 文心一言回答：

根据提供的信息，可以看出刘丙润老师是一位非常有经验的自媒体人，他在自媒体领域有着非常不俗的成就和影响力。他不仅是丙润传媒的创始人，还是一位自媒体写作导师，拥有9年自媒体从业经验，靠写作实现月入7万元。此外，他还进行过数百次公益写作内容分享，并先后担任多个写作营的导师，培训了大量的付费学员和免费教学成员，具有极专业的自媒体教学经验。

刘丙润老师的文章累计阅读量破2.5亿,获得多项荣誉和奖励,同时也是多个平台的签约作者和推荐官,这都表明他在自媒体领域有非常高的水平和声望。他的教学内容和方法也得到了广泛的认可和好评,这对于一位自媒体人来说是难得的成就。

综合来看,刘丙润老师是一位非常有实力和影响力的自媒体人,他的经验和知识对于想要进入自媒体领域的人具有非常高的价值。

💡 **讯飞星火认知大模型回答:**

刘丙润老师是一位资深的自媒体写作导师,他在自媒体写作领域有着丰富的经验和深厚的理论基础。他的从业经验达到9年,全网"粉丝"数破百万,文章累计阅读量破2.5亿,这样的成绩足以证明他在写作领域的专业素养和影响力。

他不仅在写作教学方面有着丰富的经验,还积极参与公益活动,为社会做出了积极的贡献。他曾进行数百次公益写作内容分享,先后担任多个写作训练营的导师,培训付费学员2000+,免费教学成员8000+,这样的成就足以证明他在教育领域的贡献。

此外,他还在各大平台上获得了多项荣誉,如快传号讲师认证、快手签约内容创作者、百家匠心计划签约作者、百家优选计划文史频道推荐官、百家榜、四次月度百家榜、头条营销价值榜、月度优质账号、近百篇青云奖、腾讯企鹅奖、春雨计划等,这些荣誉都是对他在自媒体领域专业素养和影响力的肯定。

总的来说,刘丙润老师是一位在自媒体写作领域有着丰富经验和深厚理论基础的优秀导师,他的成就和贡献值得我们尊重和学习。

不难发现,当我们为人工智能"投喂"数据,并要求其在数据约束范围内回答时,不论回答字数的多与少、好与坏,不同的人工智能仍会有所偏差,但回答的内容已经基本符合我们的诉求,即对"刘丙润"做出了较为完整的评价。刚才我们借助人工智能做的自我评价,就是简单的人工智能数据"投喂"流程。下面我们再来补充一下,人工智能数据"投喂"究竟应该怎样做、分几步走,如图2-1所示。

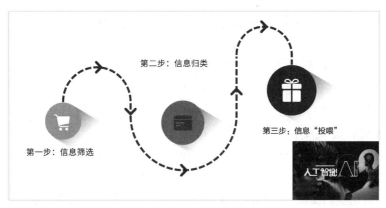

图2-1 人工智能数据"投喂"步骤

第1步：信息筛选

如果想让人工智能帮忙分析"刘丙润是怎样的一位老师"或分析"某个品牌的口碑如何"，则需要先帮人工智能做信息筛选，而信息筛选必须由我们进行分类汇总。如果不分类汇总，人工智能就很有可能抓取到错误信息或混淆是非的信息，从而带来不必要的麻烦。

第2步：信息归类

如果想让人工智能分析某款产品，就要从这款产品的外观、性能、使用、用户评论、售后服务等多方面进行点评。那人工智能如何做到多方面点评呢？很简单，我们需要先收集信息，收集完后把信息分类，并按照我们所需要的类目进行细分。

第3步：信息"投喂"

"投喂"的信息包括我们准备的相关信息，以及人工智能自动抓取或自动检索的相关信息。目前百度的文心一言和讯飞星火认知大模型在进行数据"投喂"时，已经能从互联网上抓取部分信息。

做好以上三步后，我们就可以对人工智能进行调试了。比如，可以这样说："请从以下三个方面对刘丙润老师做点评"。这就涉及除信息"投喂"外的信息调试公式，而这部分内容将在接下来的章节中详细讲解。

2.2 人工智能辅助创作新媒体流量文

人工智能辅助创作的新媒体流量文章，一般与时事热点关联，这部分内容我们需要巧妙借助人工智能的辅助实现利益最大化。在此之前，我先给大家截取两篇文章带来的收益，如图 2-2 所示。

eCPM（元）	收入（元）
5.11	314.18
5.35	303.31

图 2-2　人工智能辅助带来的收益

这里我们面临一个问题：既然会在 2.3 节中讲解人工智能一键生成新媒体流量文，为什么还需要在 2.2 节再添加辅助创作新媒体流量文呢？原因很简单，因为有些内容人工智能无法生成。

我们举一个简单案例。

假设社会出现热点事件，刘丙润老师出版的第 8 本书正在做市场营销，为了回馈"粉丝"，决定拿出 200 本书赠送。这件事被当地网红点赞，其中有位名为"喜羊羊"的网红，决定与刘丙润老师合影拍照，结果传出绯闻。

因为社会热点事件写在书中会有侵权风险，所以我暂且假定一个热点事件，完全虚构，如有雷同，纯属巧合。

这件事越传越广，最终有位自媒体博主写了篇文章，题目为《震惊！刘丙润与"喜羊羊"传出绯闻》。

> **对讯飞星火认知大模型进行输入：**
> 如何看待刘丙润与"喜羊羊"之间传出来的绯闻？

> **讯飞星火认知大模型回答：**
> 对于刘丙润与"喜羊羊"之间的绯闻，没有找到相关的官方信息或权威媒体报道。《喜羊羊与灰太狼》是一部非常受欢迎的中国动画片，刘丙润作为配音演员，为该片的主角之一喜羊羊配音，他的表演深受观众喜爱。喜羊羊是中国动画片《喜羊羊与灰太狼》系列及其衍生作品中的主要正面角色。
> 在网络上，有很多关于名人的绯闻和猜测，但这些往往都是未经证实的

传闻。我们应该以理性和客观的态度对待这些信息,不应轻易相信未经证实的消息。同时,我们也应该尊重每个人的私生活,不应过度关注和炒作他们的私事。

通过简单的人工智能调试,不难发现,一键式生成热点文章,难度极大且不可能。这意味着如果我们希望通过人工智能创作流量文,且流量文归属于热点文属性,就只能是辅助创作。

那如何进行辅助创作呢?在这里我给大家提供一个公式——五步人工智能拆解法,如图2-3所示。

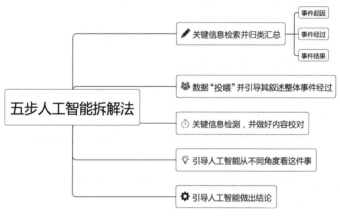

图2-3 五步人工智能拆解法

第1步:关键信息检索并归类汇总

我们继续回顾刚才的热点事件,然后归类为三条信息。

事件起因:刘丙润老师出版的第8本书正在做市场营销,为回馈"粉丝",所以决定拿出200本书赠送。

事件经过:一位名叫"喜羊羊"的网红博主,在主动参与此次活动的过程中,因拍摄的一张照片被传出绯闻。

事件结果:事情经自媒体爆料,越传越广,最终被证明是谣言。

第2步:数据"投喂"并引导其叙述整体事件经过

我们把上述关键信息"投喂"到人工智能中,并要求其对这件事做出完整复述。

第 3 步：关键信息检测，并做好内容校对

热点事件中人物名字、性别出现问题，都有可能被追责，尤其是某些娱乐艺人在某一时间做的某些事。一旦时间、地点对不上，就有可能承担法律责任，艺人甚至会给我们发律师函。热点事件不同于其他事件，往往具备很强的时效性，我们在使用人工智能生成热点文章时，必须保证内容的准确性，否则要承担对应的风险。

第 4 步：引导人工智能从不同角度看这件事

比如，我们可以对人工智能继续提问：

"如何看待网红或艺人动辄就有绯闻传出这种情况？"

"如何看待知识博主发表新书后赠送给'粉丝'这一事件？"

"如何看待某些自媒体博主未经官方媒体爆料就恶意炒作这一行为？"

第 5 步：引导人工智能做出结论

我们可以要求人工智能对这起事件做内容定性，并做出总结。这里的总结，我们可以刻意引导一下，比如，对知识博主赠书这件事做总结，或对自媒体内容创作者未经官方媒体证实，就随意编造信息这一极端事件做出总结。

我们按照上述流程，把关键信息"投喂"到讯飞星火认知大模型中，完整的调试节奏如下。

> **对讯飞星火认知大模型输入：**
>
> 已知最近发生一起刘丙润与"喜羊羊"网红博主的绯闻事件，关键信息如下，请针对关键信息帮我写一份事件经过。
>
> （1）事件起因：刘丙润老师出版的第 8 本书正在做市场营销，为回馈"粉丝"，决定拿出 200 本书赠送。
>
> （2）事件经过：一位名叫"喜羊羊"的网红博主，在主动参与此次活动的过程中，因拍摄的一张照片被传出绯闻。
>
> （3）事件结果：事情经自媒体爆料，越传越广，最终被证明是谣言。

> **讯飞星火认知大模型输出：**
>
> 近日，一起涉及刘丙润与网红博主"喜羊羊"的绯闻事件在网络上引起

了广泛关注。以下是事件的经过。

起因是刘丙润老师最近出版了第8本书，为了回馈"粉丝"的支持，他决定拿出200本书进行赠送活动。然而，由于时间紧迫，刘丙润老师未能及时回馈"粉丝"，因此决定通过网络营销的方式扩大宣传。

在这次活动中，一位名叫"喜羊羊"的网红博主主动参与了进来。她为了能够获得这200本赠送的书籍，积极参与了各种营销活动，并拍摄了一张与刘丙润老师的合照。然而，这张合照却意外地被一些自媒体爆料出来，并传出了两人之间的绯闻。

随着事件的不断发酵，越来越多的网友开始关注并讨论这一话题。然而，最终事实被证明这只是一起谣言。刘丙润和"喜羊羊"并没有发生任何不当行为，而那张照片也只是两人在活动期间的普通合影。

总的来说，这起事件虽然引起了一些不必要的猜测和传闻，但最终还是以澄清真相告终。希望今后大家能够理性看待这类网络传闻，不要轻易相信未经证实的信息。

⑩ 对讯飞星火认知大模型输入：

请从以下三个方向做这起事件的复盘总结，分别是：
如何看待网红或艺人动辄就有绯闻传出这种情况？
如何看待知识博主发表新书之后赠送给"粉丝"这一事件？
如何看待某些自媒体博主未经官方媒体爆料就恶意炒作这一行为？

讯飞星火认知大模型输出：

1. 对于网红或艺人动辄就有绯闻传出这种情况，我们应该保持理性的态度。毕竟娱乐圈是一个充满竞争和话题的地方，一些炒作和绯闻也是不可避免的。但是，我们也应该认识到这些绯闻的真实性和可信度，不要轻易相信和传播未经证实的信息。

2. 对于知识博主发表新书之后赠送给"粉丝"这一事件，我们应该对其表示肯定和尊重。知识博主通过自己的努力和付出，为我们提供了有价值的知识和信息，他们回馈"粉丝"也是理所应当的。同时，我们也应该认识到，这种赠送活动只是博主与"粉丝"之间的一种互动方式，不应该将其过度解读或夸大其意义。

3. 对于某些自媒体博主未经官方媒体爆料就恶意炒作这一行为，我们应该持批判态度。自媒体博主应该遵守职业道德和规范，不要随意散布谣言或炒作不实信息。同时，官方媒体也应该加强监督和管理，及时澄清事实真相，避免误导公众。

> 🗨 **对讯飞星火认知大模型输入：**
> 请对这起事件做一个总结，内容主题为"良言一句三冬暖，恶语伤人六月寒"。

> 💡 **讯飞星火认知大模型输出：**
> 这起事件提醒我们，言行举止对他人的影响是深远的。就像"良言一句三冬暖，恶语伤人六月寒"这句古话所说，我们的言语和行为会对他人产生直接或间接的影响。有时候，一句温暖的话语可以让人感到温馨和舒适，而一句伤人的话则可能引起他人的不快和伤害。
> 在这起事件中，刘丙润老师出版新书并赠送给"粉丝"的行为是一种积极的互动方式，他通过这种方式回馈了支持自己的读者。然而，网红博主"喜羊羊"的一张照片却因为某些自媒体的恶意炒作而引起了不必要的猜测和传闻。这种恶意炒作不仅损害了当事人的形象和声誉，也误导了公众的判断。
> 因此，我们应该认识到自己言行的影响力，避免随意发表不负责任的言论或传播不实信息。同时，我们也应该学会用温暖的言语和善意的态度与他人交流，以营造一个和谐、友善的社会环境。只有这样，我们才能真正体会到"良言一句三冬暖，恶语伤人六月寒"这句话所蕴含的深刻道理。

因为文章篇幅有限，所以我们只能用讯飞星火认知大模型做个简单的输出调试。至于文心一言和其他人工智能的调试，我们将会在后面章节给予展示的机会。

2.3 人工智能一键生成新媒体流量文

本节我们将讲解一种新型的流量文章，可以通过人工智能一键生成，其写作结构是单独给新人准备的——故事体结构。

我们只需要编一个故事,并且能从故事中得出经验、得到启迪,这篇文章就是一篇优质文章。人工智能在生成相关故事体结构文章时,受到的限制较少,且存在的原则性问题或红线问题也较少,大家可以放心启用一键生成功能。

在具体讲解人工智能一键生成新媒体流量文前,我需要给大家提供可一键操作的三种故事体结构,如图2-4所示。

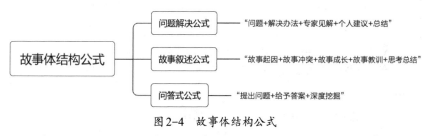

图2-4 故事体结构公式

公式一:问题解决公式

"问题+解决方案+专家见解+个人建议+总结"

问题:提出一个具备普遍性的问题,或能引起共鸣的挑战。

解决方案:提出解决上述问题或挑战的方案,并再一次强调解决问题的重要性。

专家见解:提出专业人士对该事件的看法、意见和态度。

个人建议:要有我们个人的观点、意见、看法和态度。

总结:对这篇文章做一个归纳性总结。

公式二:故事叙述公式

"故事起因+故事冲突+故事成长+故事教训+思考总结"

故事起因:描述一个引人入胜的故事案例或人物开篇,吸引足够多的读者群体和读者用户。

故事冲突:在故事中增加戏剧性和波动性,让读者在阅读过程中能自带情绪。

故事成长:突出主角在这起事件中学到了什么、收获了什么、能够获得哪些成长。

故事教训：与故事成长并列，有故事成长，没有故事教训；有故事教训，没有故事成长。

思考总结：对这起事件进行总结反思。

公式三：问答式公式

"提出问题+给予答案+深度挖掘"

提出问题：提出读者时常遇到的问题，这个问题可以有故事带入，也可以没有故事带入。

给予答案：对上述问题给予答案，最好是明确答案。

深度挖掘：引导读者提出更多问题，或对该问题从另一角度做深度挖掘。

本节我们优先采用公式一——问题解决公式。

在此之前，先对人工智能进行数据"投喂"。我们假定以下关键信息。

问题：老旧小区安装电梯时，一楼用户不同意，认为安装电梯损害了自身权益。

解决方案：4～6楼用户按照比例给1楼用户对应补贴，且不再要求1楼用户补交安装电梯费用。

专家见解：安装电梯对于4～6楼的用户来说的确是升值的，但对于1楼的住宅群体而言，损失远大于利益。

个人建议：老小区改装电梯本质是为小区住户服务，对于4～6楼等高层用户群体而言，好处远大于坏处。高层用户不能只想占便宜，也应想着承担责任，对低层用户给予对应补贴往往更有利于邻里间的和谐。

总结：老旧小区安装电梯需要商量，而不是某户居民的独角戏。

> 🎙 **对讯飞星火认知大模型输入：**
>
> 已知新媒体文章的问题解决公式为："问题+解决方案+专家见解+个人建议+总结"，假定的关键信息如上，请结合上述内容，帮我写一篇新媒体流量文章。

> **讯飞星火认知大模型输出：**
>
> 标题：《老旧小区安装电梯：问题、解决方案与邻里和谐的寻求》
>
> 在现代社会，随着城市化进程的加速，老旧小区的改造升级成为了一个热门话题。其中，安装电梯的问题更是引发了广泛的争议。一楼的用户坚决反对安装电梯，他们认为这会损害自己的权益。那么，我们应该如何解决这个问题呢？
>
> 首先，我们需要理解一楼用户的立场。他们可能担心电梯的安装会影响他们的生活环境，如噪声、光线等问题。此外，他们可能还担心电梯的安装会使他们的房产价值下降。这些都是他们反对安装电梯的原因。
>
> 然而，从4～6楼用户的角度来看，电梯的安装无疑是一种增值。尤其是对于年纪较大、行动不便的居民来说，电梯的存在无疑大大提高了他们的生活质量。因此，我们需要寻找一个既能满足4～6楼用户需求，又能尽量减少对1楼用户影响的解决方案。
>
> 对此，专家提出了一个解决方案：4～6楼的用户按照比例给1楼的用户提供对应补贴，且不再要求1楼的用户补交安装电梯的费用。这样不仅可以解决1楼用户的担忧，也能让4～6楼的用户得到实际的利益。
>
> 然而，这个解决方案的实施需要所有住户的共同参与和协商。我们不能只看到自己的角度，忽视了其他人的感受。作为一栋楼的住户，我们应该共同商量，找出一个公平、合理的解决方案。
>
> 总的来说，老旧小区安装电梯的问题并不是一个单方面的问题，而是需要所有住户共同参与和协商的问题。我们应该尊重每一个人的权益，同时也要考虑到整个社区的利益。只有这样，我们才能找到一个既能满足大多数人需求，又能保持社区和谐的解决方案。

> **对讯飞星火认知大模型二次输入：**
>
> 请根据上述生成的内容重新整理，生成一篇故事体流量文章。

> **讯飞星火认知大模型二次输出：**
>
> 标题：《电梯之争：一幢楼的和谐与冲突》
>
> 在繁华的城市中，有一栋老旧的楼房，它的名字叫作"和谐小区"。这

座楼房有着50年的历史，住着各种各样的人，他们的生活充满了欢笑和泪水。然而，最近这座楼房的1楼住户和4～6楼的住户之间爆发了一场关于安装电梯的争论。

1楼的住户们坚决反对安装电梯。他们认为，电梯的安装会破坏他们的生活环境，影响他们的生活质量。他们担心电梯的噪声、光线等问题，更担心电梯的安装会使他们的房产价值下降。

然而，4～6楼的住户们却对电梯充满了期待。他们认为，电梯的存在将大大提高他们的生活质量。尤其是对于年纪较大、行动不便的居民来说，电梯无疑是一种福音。

在这个问题上，住户们的观点分歧很大。一楼的住户们坚决不肯妥协，而4～6楼的住户们则坚持要求安装电梯。这个争论在小区内引起了轩然大波，一时间，"和谐小区"的气氛变得紧张起来。

然而，就在这个问题陷入僵局的时候，一位专家提出了一个解决方案：4～6楼的用户按照比例给1楼用户对应补贴，且不再要求1楼用户补交安装电梯的费用。这个方案得到了大家的一致认可，最终解决了这个问题。

这个故事告诉我们，无论是在现实生活中还是在网络世界中，我们都会遇到各种各样的问题和争议。面对这些问题和争议，我们应该学会理解和尊重他人的观点，通过协商和讨论来寻找最好的解决方案。只有这样，我们才能实现真正的和谐与共享。

这就是"和谐小区"的故事，一个充满争议、冲突与和解的故事。希望这个故事能给你带来一些启示，让你在生活中更好地处理各种问题和争议。

需要额外注意一点：讯飞星火认知大模型目前对于部分语言的组织叙述能力还不太稳定，我们在调试过程中填写的对应关键词很可能会被生成到文章中。但其最大的优势在于，可以针对自己生成的内容进行二次调试、二次修改，二次修改后生成的文章质量非常不错。

2.4 辅助创作 VS 一键生成创作优劣势讲解

人工智能在生成新媒体文章时，有时可以直接一键生成，而有时只能进行辅助操作。这两种模式下,新媒体内容创作者应该优先采取哪种模式呢?在回答此问题之前,我先给大家详细讲解一下辅助创作与一键生成的优劣势。

辅助创作相较于一键生成而言,有四大优势,如图2-5所示。

图2-5 辅助创作的四大优势

优势一:原创性能够保证

人工智能辅助内容创作时,会根据我们提供的信息进行二次创作,而不是在同一数据库中进行创作。我们在提供信息时,本身就进行了一次筛选,而人工智能在生成的过程中又会进行二次内容创作,有助于提高文章的原创性。这样一来,则可以尽可能地规避部分劣质人工智能生成相同、相似或相近内容,导致出现账号因复制抄袭而被扣分甚至被封号的情况。

优势二:关键信息的准确性能够保证

对于某些热点内容、敏感内容、时事内容、国际政治内容中可创作的部分,如果我们全部由人工智能进行信息抓取,然后让人工智能随机生成文章,则有可能会犯某些敏感或概念型的错误。比如,典型的"被字句"和"把字句"问题,人工智能在进行内容编写过程中很容易把主语颠倒、内容置换,由此带来的损失需要内容创作者承担。比如某位明星给贫困山区捐款,如果让人工智能一键生成的话,很有可能生成贫困山区给明星捐款这样的"坏文章"。而当我们辅助内容创作时,可以把该类容易混淆的字、词、句、段人工编写或交由人工智能生成后二次审阅校对。

优势三:生成的内容更加可控

我们要求人工智能帮助我们生成新媒体文章时,往往会有个大概方向,而这个大概方向如果要求人工智能一键生成,则基本不可控。如果辅助创作,则可以将一篇文章分成三段、四段进行创作,每段都可以对人工智能单独下达指令,要求人工智能生成对应风格或对应方向的文章。

优势四:热点内容能够紧跟时事

创作新媒体内容的过程中,热点内容是非常特殊的一个板块。真正的热点事件,从开始被各大主流平台曝光,到事情最终消失在互联网上,也就一周左右的时间。人工智能在抓取信息的时候呈现出明显的滞后性,如果我们要求人工智能进行辅助操作,滞后性将不再存在。

任何创作模式都是既有优势又有劣势的。辅助创作模式相比一键生成模式有以下两大劣势,如图2-6所示。

图2-6 辅助创作的劣势

劣势一:无法进行批量生产

这几乎是新媒体创作过程中最大的弊端,即新媒体创作的展现量整体受限。就比如一篇文章,内容质量再好也很难突破100万在读人群,除非平台大力推荐。相较而言,人工智能一键生成文章不需要花费太多时间,需要花费时间的就是配图、文章选题及分发平台,大大提升了内容更新效率。

劣势二:可能会有违规或潜在资质风险

运用人工智能进行辅助创作,大多创作的是时事热点内容或娱乐内容。而人工智能一键生成创作更多的是故事体文章。故事体文章的流量虽然较低,但不会被平台或部分媒体人关注,且创作的内容中规中矩,没有太多麻烦。而辅助创作模式创作的热点文章,一旦内容有所出入,就可能收到律师函,因此创作风险会更高一些。

2.5 矩阵操作玩法揭秘

我之前出过的书籍中详细讲解过"矩阵操作"究竟是怎样的一种玩法，大家之所以觉得矩阵神秘，是因为很多人没有接触过，未知反而会显得神秘。人工智能横空出世，几乎实现了个人矩阵操作模式的全面打通。

在此之前我们要先了解"矩阵操作玩法"是什么。为了便于大家理解，我讲一个案例。

假如你准备做新媒体内容，现在你有一个身份证，可以同时注册一个头条号、一个百家号。这两个账号在某一时间突然赚了很多钱，如一个月能变现2000～3000元钱。这时你会想："我是否可以把这种变现模式进行复制？如何复制呢？把我父亲的账号拿过来，把我母亲的账号拿过来，把我亲戚姐妹的账号全部拿过来进行内容创作。"

这样一来就会出现两个问题。

其一，这部分内容创作可以获得持续收益，但你没有充沛的精力进行内容创作，所以只能在市面上收稿，然后用他们的稿子来变现。这种收稿变现的模式，必然会导致收益减半，甚至会降70%以上。

其二，因为你用的是七大姑八大姨的账号，所以最终提现时钱会被提到你七大姑八大姨的银行卡里，年底对账时就会出现诸多问题。真应了那句老话："给钱容易拿钱难。"

这种情况下你会发现，直接成立公司会更好一些。成立公司后可以直接在头条、百家号注册企业号，企业号可以有矩阵，矩阵可以把旗下的所有头条号、百家号纳入自己的矩阵范围统一提现，从而把钱提到公司账户。接下来你会发现随着矩阵越做越大，慢慢地能对接到平台高层，甚至可以参与部分商业规划和商业合作。这时你就成了平台的运营矩阵之一，这个矩阵由你和自己的团队共同运营。

在2021年以前，市面上经常出现招写手的矩阵工作室。他们旗下可能有300～500个自媒体账号，这些账号每天都要持续输出内容。这些账号的内容如何输出呢？工作室的人再多也不可能写出如此多的稿子啊，所以在市面上征集稿件就成了矩阵运营的必要环节之一。但是现在人工智能可以一键生成故事体流量文,再将生成的文章发表在新媒体平台上,如此这般操作,能节省大量的人力、物力,原有的工作室运营模式也将发生翻天覆地的变化。

换句话来说,现阶段几乎一个人就是一个矩阵,如果我们通过这样的矩阵模式进行持续变现,今日头条和百家号会有何观点态度呢?

为什么我重点讲今日头条和百家号呢?原因很简单,因为目前市面上的流量文变现只有三大主流平台(见图2-7),分别是今日头条、百家号和公众号。公众号的运营模式相对特殊,第1章已经详细讲过,只剩下今日头条和百家号。

图2-7 流量文变现的三大主流平台

今日头条对于人工智能相对比较谨慎,目前今日头条平台上的各种商业活动几乎与人工智能无关,甚至开辟了另一条赛道,即"时事热点头条说"栏目(见图2-8)。目前来看,人工智能所能接触的领域虽然越来越多,但对于热点内容的创作门槛非常高,所以关于时事热点内容,人工智能的干预反而会更小。

图2-8 "时事热点头条说"赛道

未来不排除今日头条也会大面积推广人工智能,但目前图文领域还没有太多商业活动。

百家号有所不同,百家号从人工智能爆火开始就一直在积极主动推广AI创作,并且百家号还拥有自己的人工智能"文心一言"。除此之外,百家号后台主界面中有很多的AI创作工具,如AI成片、AI笔记和AI作画(见图2-9)。尤其是AI笔记功能,和文心一言的功能大差不差,部分功能甚至比文心一言还要详细。

图2-9 AI创作工具

AI笔记界面中共有五大内容板块,分别为"通用润色""博主必备""好物推荐""创意写作"和"营销助手",如图2-10所示。五大板块中又分别拥有不同的分类,总计15项,如图2-11～图2-14所示。更难能可贵的是,这15个分类的人工智能全部免费。

图2-10　AI笔记界面的五大板块

图2-11　五大板块详细内容(一)

图2-12　五大板块详细内容(二)

图2-13　五大板块详细内容(三)

图2-14　五大板块详细内容(四)

除此之外,百家号为了鼓励大家进行AI内容创作,专门开通了"AI

创作训练营"。

相较于头条的冷静,百家号几乎在AI内容创作上一路狂飙。百家号征文活动中能发现各式各样的AI图文或视频内容创作,甚至还包括平台组织的各类官方训练营(见图2-15)。

AI成片征稿令 HOT	AI创作训练营创作挑战赛 HOT
热搜一键成稿,文稿一键成片	用AI工具发文,瓜分万元奖金
流量扶持 | 7146人参加	现金奖励 | 5406人参加

图2-15 AI内容创作的延迟预估

在未来,今日头条、百家号和公众号等各大新媒体平台,大概率会接纳AI创作,AI创作必然会成为内容创作发展趋势之一。不过AI创作短期内还无法取代我们进行内容创作,作为图文内容创作者无须过多担心。熟练掌握人工智能,对于我们个人发展而言具有重要意义,其意义也绝不仅仅局限于新媒体内容创作。

第3章
如何用人工智能辅助创作网文？

除了可以用人工智能辅助流量文变现外，我们是否还可以将其应用到其他变现模式中呢？答案是可以。本章我们将重点讲解如何利用人工智能辅助创作网文。一本合格的网文必须由"三大件"组成，分别是网文"书名"、网文简介和网文大纲。要注意，即便是目前较为优秀的人工智能，如文心一言、讯飞星火认知大模型、国外的ChatGPT，都无法一键生成网文。

> **温馨提示**
> 文心一言在网文调试过程中，对网文"书名"及简介的归纳整理能力明显高于其他人工智能软件，为了保证本章内容调试的连续性，我们统一用文心一言做内容调试。

3.1 五步起名法，一键轻松创作爆款"书名"

如果说一篇新媒体文章能成为爆款，文章题目起30%的作用；那一本网文能成为爆款，网文"书名"最起码能起40%的作用。很多网文本子质量不错，但读者少得可怜，要么是因为封面不够吸引人，要么是因为网文"书名"太过寻常，以至于读者没有阅读兴趣。

如何起一个让读者眼前一亮，看到就恨不得马上去读的网文"书名"呢？在这里我给大家总结了一个方法——五步起名法（见图3-1）。

图3-1　五步起名法

第1步：了解你讲的故事

网文就是一个故事的集合体，我们需要把这个故事讲给读者。故事主题是什么、情节如何、主要角色是谁、情感氛围怎样等，这些内容都需要了解，如果对这些内容一问三不知，那就很难起与网文相贴切的名字。

第2步：明确主题和情感

网文的主题是什么？如历史、都市、玄幻、仙侠、脑洞、末世或系统、金手指，等等。网文的情感是什么？如搞笑、幽默、浪漫、惊悚、悬疑、恐怖、爱情，等等。

第3步：明确网文"书名"的关键词

如果你觉得关键词与主角相关，网文"书名"就必带主角；关键词与情节相关，网文"书名"就必带情节；关键词与地点、时间、角色相关，网文"书名"就必带地点、时间、角色。

第4步：简短且具体

网文"书名"不宜过长，原则上不能超过15个字，8～12字之间较为合适。若超过了15个字，就会给将来的出版及网文封面配图带来极大困难。更重要的是，部分平台对于网文"书名"的字数有明确限制。

第5步：书名测试

部分网文平台贴心地推出了"书名测试服务"（见图3-2），我们的网文在更新到一定字数后，平台会为我们开启书名测试权限。在书名测试结束后选择更适合的网文"书名"即可。

> **参与多书名实验的作品条件**
> - **20～50万字数作品需同时满足以下条件**：作品3日内有更新记录，且作品已签约、未完结、未下架，且作品已开始推荐，目前状态为推荐中。
> - **100万字以上作品需同时满足以下条件**：作品3日内有更新记录或作品已完结，且作品已签约、未下架，且作品已开始推荐，目前状态为推荐中；若作品历史曾经在20～50万字做过多书名实验，则需距上次实验时间超60天。
>
> **说明**：作品在20～50万字区间、100万字以上分别仅有一次多书名实验机会；若作品在功能上线前编辑已开启过实验，则视为已使用机会。

图3-2　书名测试服务

以番茄小说网为例，网文发表字数在20～50万字之间或100万字以上的作品满足对应条件就可以参与书名实验。

接下来我们假定网文的相关故事情节如下。

①网文内容：穿越到三国成为刘禅，在父亲去世之后逆天改命。

②内容主题：兴复汉室，讨伐曹魏。

③内容情感：偏搞笑。

④网文"书名"关键词：刘禅。

如果根据上述要求进行网文"书名"测试，那我们可选的网文"书名"如下：

《穿越三国：我变成了刘禅》《新生于蜀汉：刘禅的逆袭之路》《刘禅的时空旅程：三国新篇章》《刘禅的命运：蜀汉复兴之路》《刘禅的传世：穿越三国之旅》《刘禅的重生：统一三国的机会》《刘禅的再启程：争霸三国的冒险》。

当然，这是按照五步起名法人工进行创作的。

网文的"书名"往往会决定网文开始时的成绩，必须要慎重对待。因此我们就需要借助人工智能的参与，尽可能写出一个好的网文"书名"。

接下来我们按照上述假定的故事情节对文心一言做内容调试。

🔟 **输入内容一：**
   我写了一本网文小说，你可以帮我起3～5个网文"书名"吗？
🔟 **输入内容二：**
   书籍内容是穿越到三国成为刘禅，在父亲去世之后逆天改命，讨伐曹魏，兴复汉室，一统天下。
🔟 **输入内容三：**
   剧情整体较为欢快，主角是搞笑人设，且因为穿越到三国，所以主角有上帝视野。
🔟 **输入内容四：**
   网文"书名"的关键词为刘禅，必须有这两个字，且要能够体现出穿越剧情。
🔟 **输入内容五：**
   根据上述指令帮我生成网文"书名"。

文心一言输出：
1. 刘禅穿越三国
2. 三国逆袭之刘禅传奇
3. 刘禅的上帝视角
4. 刘禅的三国征途
5. 笑闯三国刘禅传

我们继续调试。

🔟 **输入内容一：**
   重新帮我改写网文"书名"，要求内容再诙谐幽默一些。
🔟 **输入内容二：**
   最好在网文"书名"中添加重生穿越等相关字样。

文心一言输出：
1. 刘禅的三国逆袭之旅

2. 刘禅的重生穿越三国记
3. 三国搞笑传：刘禅的上帝视角
4. 刘禅穿越三国：欢乐统一之旅
5. 笑傲三国：刘禅的穿越逆袭

不难发现，通过调试文心一言可以生成符合我们预期的网文"书名"。理论上来说，所有的网文"书名"都应该以商业性为主，而商业性中搞笑占据了大比例。如果能搞笑，网文"书名"就以搞笑为主；如果不能搞笑，就以神秘悬疑为主。这两类是较能打造商业性的。

3.2 三大网文简介生成公式，一键调试不用愁

网文简介的通用公式很多，本节我给大家讲解较为重要的三大公式，分别是时间地点着重公式、故事叙述公式、对话悬疑公式，如图3-3所示。我们用人工智能调试时，优先侧重对话悬疑公式。目前的网文简介，对话悬疑公式所能占据的市场热度最高，且最容易被编辑、读者接纳。

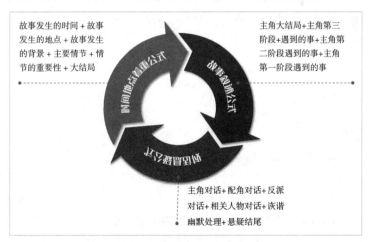

图3-3　网文简介的三大公式

时间地点着重公式和故事叙述公式太过简单，操作性强，但市场认

可度偏低，故此处不做赘述。对话悬疑公式才是我们本节的重中之重。

我们可以简单理解为，在对话悬疑公式中，相关人物对话的目的是推动剧情发展，而人物对话结束后留有悬念的目的是诱导读者进行阅读，二者合一才能生成很好的网文简介。

为了便于理解，我们直接假定关键信息如下：

主角穿越到三国成为刘禅，并一统三国的故事线。

如何让人工智能帮助我们生成简介呢？这里需要掌握一个窍门，我们需要先写出一份小说简介，将其"投喂"到人工智能中，再对人工智能提出我们的诉求，包括但不限于简介中具备趣味性、悬念等，让其按照我们的标准生成一份新的小说简介。这部分操作不仅涉及数据"投喂"问题，还涉及校准度问题，我们直接拿案例来讲。

假定我们生成的简介如下。

主角名叫王大毛，因一场车祸突破时间轨迹，穿越到了三国，成了刘备的儿子刘禅。主角穿越后刚好碰到诸葛亮给他写《出师表》。此时诸葛亮泪眼婆娑，千叮咛万嘱咐，交代治理国家的重要事情，然后毅然决定北伐。而刘禅仍然处于蒙圈状态，根本不知道自己在哪儿。通过相关对话才了解到，原来自己已经穿越到了三国时期。那主角如何应对接下来的危机，又能否实现一统三国的梦想呢？

> 🔟 **对文心一言进行一次调试：**
> 请根据对话悬疑公式，帮我生成一份具备对话属性的网文简介。

> 🔷 **文心一言输出：**
> 《穿越三国：刘禅的超级搞笑崛起》
> 一场突如其来的车祸，让18岁的王大毛突破了时间轨迹，穿越到了三国时期。当他醒来时，发现自己竟然成了刘备的儿子刘禅。此时，诸葛亮正在为他写《出师表》，泪眼婆娑地交代治理国家的重要事情，然后毅然决定北伐。
> 刘禅一头雾水地看着诸葛亮："诸葛先生，你是在跟我演戏吗？我怎么会在这儿？"
> 诸葛亮一脸惊讶："陛下，您怎么了？这是出征前的重要会议啊！"

刘禅摸了摸自己的头:"哦,我想起来了,我刚刚出了一场车祸,然后就到这里了。"

张飞哈哈大笑:"哈哈哈,陛下,你这是在跟我们开玩笑吧?"

刘禅摇了摇头:"我真的没有开玩笑,我真的穿越了。"

关羽一脸严肃地说:"陛下,这可不是闹着玩的事,你现在是蜀汉的国君,要承担起重任。"

刘禅点了点头:"我知道,我会尽快适应这个时代的。"

在接下来的日子里,刘禅开始了他的超级搞笑之旅。他穿着现代衣服在皇宫里走来走去,引来众人围观。他学着诸葛亮的样子摇头晃脑地背诵《出师表》,结果把大家都逗笑了。他还学着张飞的样子大声吆喝,结果把守卫的士兵吓得一跳。

诸葛亮看着刘禅的样子,摇了摇头:"陛下,你这样下去可不行啊,你要学会适应这个时代。"

刘禅笑着说:"诸葛先生,你就放心吧,我会尽快适应的。"

为了尽快适应这个时代,刘禅努力学习三国时期的知识。他和诸葛亮一起讨论兵法,和张飞一起喝酒聊天,和关羽一起练习武艺。他还学会了许多三国时期的礼仪和规矩。

> ⓾ **对文心一言进行二次调试:**
> 对话要充满戏剧性,尤其要体现主角对自己穿越时空的不理解,以及对当下状态的无助感,还要将主角的小心机和搞笑氛围搭配。

✦ 文心一言输出:

《穿越三国:刘禅的时空大冒险》

"我这是在哪儿?"王大毛一觉醒来,发现自己置身于一座华丽的宫殿之中。他摸了摸自己的头,疼痛的感觉让他不禁皱起了眉头。

"陛下,您醒了!"一位身穿古装的女子走到他的身边,轻声问道。

"我是谁?我在哪儿?"王大毛一脸茫然地看着她。

"陛下,您是蜀汉的国君刘禅啊,这里是皇宫。"女子耐心地解释道。

"刘禅?我是刘禅?"王大毛震惊不已,"我不是出车祸了吗,怎么会穿越到这里?"

女子一脸茫然:"穿越?什么是穿越?"

王大毛想了想,觉得自己还是不要跟她解释为好。他看了看四周,只见宫殿里摆放着各种古董和文物,一股浓郁的历史气息扑面而来。

"我现在该怎么办?"王大毛心里无助极了,"我该怎么回去?"

他想起了自己在现代的生活,想起了家人和朋友,一股思念之情涌上心头。但同时,他也对这个陌生的时代充满了好奇和探索的欲望。

"对了,诸葛先生在哪儿?"王大毛想起了三国时期的重要人物诸葛亮。

女子告诉他,诸葛亮正在宫中为他写《出师表》。王大毛急忙赶了过去,只见诸葛亮正泪眼婆娑地交代治理国家的重要事情。

"诸葛先生,我真的是刘禅吗?"王大毛有些不确定地问。

诸葛亮看了他一眼:"陛下,您怎么了?当然是啊。"

"那我该怎么办?"王大毛有些无助地问,"我该怎么回去?"

诸葛亮一脸惊讶:"回去?陛下,您要回哪儿去?"

王大毛想了想,觉得自己还是不要跟他解释为好。既然来了,他决定要好好体验一下这个时代的生活。他开始学习三国时期的知识,和诸葛亮一起讨论兵法,和张飞一起喝酒聊天,和关羽一起练习武艺。他还学会了许多三国时期的礼仪和规矩。

⑩ 对文心一言进行第三次调试:

对话要再更戏剧性一些,同时要有搞笑幽默氛围,对话要尽可能精简。

文心一言输出:

《穿越三国:刘禅的戏剧性冒险》

"我这是在哪儿?"王大毛一觉醒来,发现自己置身于一座华丽的宫殿之中。

"陛下,您醒了!"一位身穿古装的女子走到他的身边。

"我是谁?我在哪儿?"王大毛一脸茫然。

"您是蜀汉的国君刘禅,这里是皇宫。"女子解释道。

"刘禅?我是刘禅?"王大毛震惊不已,"我不是出车祸了吗,怎么会穿越到这里?"

> 女子一脸茫然："穿越？什么是穿越？"
> "那我该怎么办？"王大毛无助极了，"我该怎么回去？"
> "诸葛先生在哪儿？"王大毛想起了诸葛亮。
> 女子告诉他，诸葛亮正在宫中为他写《出师表》。王大毛急忙赶了过去，只见诸葛亮正泪眼婆娑地交代治理国家的重要事情。
> "诸葛先生，我真的是刘禅吗？"王大毛有些不确定地问。
> 诸葛亮看了他一眼："陛下，您怎么了？当然是啊。"
> "那我该怎么办？"王大毛无助地问，"我该怎么回去？"
> 诸葛亮一脸惊讶："回去？陛下，您要回哪儿去？"

温馨提示●

简介虽然可以用人工智能一键生成，但在生成的过程中必须经过多次调试。为什么我在调试的过程中没有给大家讲解简介的调试公式，而是以案例作为指导呢？很简单，因为每一个网文本子的内容、风格、方向均不同。比如，我假定的这篇网文以搞笑风格为主，虽然有历史因素掺杂，但必须以搞笑为推广噱头。所以我在调试的过程中，会一而再、再而三地要求其输出内容以搞笑为主，并不断地精简相关字数，因为对话过程中某个人说话太多也会影响到读者的阅读体验。

我们要明确，人工智能生成的简介仍需要进行二次调试，甚至多次调试。

3.3　5种网文灵感提取法，让人工智能成为网文灵感素材库

过去我们想写好一本网文，需要埋头苦干，查阅各种资料，在网上检索各种信息，然后绞尽脑汁地写。先不说这个本子能不能被订阅、上架、打赏，签约作为网文创作者的第一道门槛，很多人都迈不过去。但现在不同了，人工智能的出现可以很好地帮助我们提取灵感。

本节我将给大家总结5种网文灵感提取法（见图3-4）。因为网文相

比其他写作较为特殊,并没有具体的提取灵感的公式,所以小节只做方法论,不做模板论。

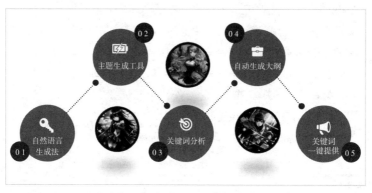

图3-4　5种网文灵感提取法

方法一:自然语言生成法

文心一言、讯飞星火认知大模型、ChatGPT、天工AI等市面上常见的人工智能都具备自然语言生成模型,我们只需要给予这些人工智能对应的关键词调试,且提出我们的主要诉求,它们就可以帮助我们写出优秀的内容。这些内容可以成为我们内容创作中的灵感,帮助我们构思和规划。为了便于理解3.3节,我们依然以3.1节历史穿越爽文为例进行讲解。

先假定以下情景。

主角穿越到三国并成为刘备之子刘禅,诸葛亮决定第一次北伐,面对刘禅有很多事情需要交代,而刘禅此时迫切地需要知道自己为什么来到这个世界,且这个世界究竟是哪一个世界。

我们再假定以下情景。

此时主角需要与诸葛亮通过对话的方式,向读者表明主角是从现代世界穿越到三国时期的,并且要表达出对诸葛亮的崇拜之情。

我们对文心一言调试如下。

> 输入内容一:
>
> 我要写一本网文,网文的主角叫王大毛,穿越到三国成了刘禅。

> 输入内容二：
>
> 刘禅刚刚醒来，就看到诸葛亮在一旁等候。
>
> 输入内容三：
>
> 刘禅对周边环境非常陌生，只记得穿越过来之前发生了一场车祸。
>
> 输入内容四：
>
> 刘禅慢慢地了解到自己穿越到了三国时期，并且接受了这个既定事实，也表达了对诸葛亮的崇拜之情。
>
> 输入内容五：
>
> 将上述内容以对话形式向读者展示。

文心一言输出：

《穿越三国：刘禅的崛起》

第一章：穿越成刘禅

"我这是在哪儿？"王大毛一觉醒来，发现自己置身于一座华丽的宫殿之中。他摸了摸自己的头，疼痛的感觉让他不禁皱起了眉头。

此时，一位身穿古装的女子走到他的身边，轻声问道："陛下，您醒了？"

"我是谁？我在哪儿？"王大毛一脸茫然地看着她。

女子微笑着回答："您是蜀汉的国君刘禅，这里是皇宫。"

"刘禅？我是刘禅？"王大毛震惊不已，"我不是出车祸了吗，怎么会穿越到这里？"

女子一脸茫然："穿越？什么是穿越？"

王大毛想了想，觉得自己还是不要跟她解释为好。他看了看四周，只见宫殿里摆放着各种古董和文物，一股浓郁的历史气息扑面而来。他慢慢了解到，自己穿越到了三国时期，并且接受了这个既定事实。

此时，一位身穿道袍的老者走到他的身边，向他行礼道："陛下，诸葛亮在此等候。"

"诸葛先生？"刘禅惊讶地问道，"他不是在写《出师表》吗？"

老者微笑着回答："陛下，《出师表》已经写好了。诸葛先生特意前来探望您。"

刘禅点了点头，示意老者退下。他看着诸葛亮的背影，心中充满了崇拜之情。他知道，诸葛亮是三国时期最杰出的政治家和军事家之一，也是蜀汉的丞相。他能够和诸葛亮见面，实在是一件非常荣幸的事情。

"诸葛先生，您来了。"刘禅向诸葛亮行礼道。

诸葛亮微笑着回答："陛下，您感觉如何？"

"我感觉很好。"刘禅回答道，"只是有些不适应这里的环境。"

诸葛亮点了点头："这是很正常的。毕竟您是从现代穿越过来的。"

刘禅笑了笑："是啊，我之前还在玩手机游戏呢。"

诸葛亮也笑了起来："陛下，这个时代可没有手机和游戏。"

刘禅不好意思地摸了摸头："是啊，我还得慢慢适应这个时代的生活。"

诸葛亮拍了拍他的肩膀："陛下，您不必担心。我会尽我所能帮助您适应这个时代的。"

对文心一言输入：

在上述对话当中添加诙谐幽默的剧情，最好能够打造反差，引导读者持续阅读。

文心一言输出：

《穿越三国：刘禅的搞笑崛起》

第一章：穿越成刘禅

"我这是在哪儿？"王大毛一觉醒来，发现自己置身于一座华丽的宫殿之中。他摸了摸自己的头，疼痛的感觉让他不禁皱起了眉头。

此时，一位身穿古装的女子走到他的身边，轻声问道："陛下，您醒了？"

"我是谁？我在哪儿？"王大毛一脸茫然地看着她。

女子微笑着回答："您是蜀汉的国君刘禅，这里是皇宫。"

"刘禅？我是刘禅？"王大毛震惊不已，"我不是出车祸了吗，怎么会穿越到这里？"

女子一脸茫然："穿越？什么是穿越？"

王大毛想了想，觉得自己还是不要跟她解释为好。他看了看四周，只见宫殿里摆放着各种古董和文物，一股浓郁的历史气息扑面而来。他慢慢了解到，自己穿越到了三国时期，并且接受了这个既定事实。

就在此时，一位身穿道袍的老者走到他的身边，向他行礼道："陛下，诸葛亮在此等候。"

"诸葛先生？"刘禅惊讶地问道，"他不是在写《出师表》吗？"

老者微笑着回答："陛下，《出师表》已经写好了。诸葛先生特意前来探望您。"

刘禅点了点头，示意老者退下。他看着诸葛亮的背影，心中充满了崇拜之情。他知道，诸葛亮是三国时期最杰出的政治家和军事家之一，也是蜀汉的丞相。他能够和诸葛亮见面，实在是一件非常荣幸的事情。

"诸葛先生，您来了。"刘禅向诸葛亮行礼道。

诸葛亮微笑着回答："陛下，您感觉如何？"

"我感觉很好。"刘禅回答道，"只是有些不适应这里的环境。"

诸葛亮点了点头："这是很正常的。毕竟您是从现代穿越过来的。"

刘禅笑了笑："是啊，我之前还在玩手机游戏呢。"

诸葛亮也笑了起来："陛下，这个时代可没有手机和游戏。"

刘禅不好意思地摸了摸头："是啊，我还得慢慢适应这个时代的生活。"

就在此时，一位侍卫匆匆跑了进来，大声喊道："陛下，大事不好！"

刘禅和诸葛亮都被吓了一跳，急忙问道："出了什么事？"

侍卫气喘吁吁地回答："刚才有一只大老鼠跑进了皇宫！"

刘禅一听，顿时笑了起来："一只老鼠？这也算大事？"

诸葛亮也摇了摇头："这的确不是什么大事。"

侍卫却一脸认真地说道："可是这只老鼠竟然把您的手机给叼走了！"

刘禅一听，顿时大惊失色："我的手机？那可是我最宝贵的东西啊！"他急忙站了起来，就要往外冲。

诸葛亮一把拉住他："陛下，您别急。我会派人去找回您的手机的。"

刘禅却一脸焦急地说道："不行，我得亲自去找，那可是我的宝贝啊！"说着他就往外跑去，只留下诸葛亮在原地摇头叹息："这个时代的科技真是太落后了，连一只老鼠都能让人如此惊慌失措。"

方法二：主题生成工具

主题生成工具倾向于脑洞或系统类网文。这两类非常特殊，行业内专业术语叫"小白爽文"，只要和系统或脑洞相关联，十之八九会归类到小白爽文中。虽然小白爽文的创作方式较为俗套，但不得不承认，其市场受欢迎程度非常高，甚至远超传统的玄幻、仙侠和都市类网文。

> 对文心一言输入以下设定：
> 内容一：我要写一本网文，主角从现代都市穿越到了三国时期。
> 内容二：主角穿越到三国时期后成了刘备之子刘禅，而此时刘备已经去世，刘禅的目的是辅助诸葛亮北伐曹魏、兴复汉室、一统天下。
> 内容三：你帮我想一些符合这本网文的脑洞或系统，要求不少于5个。

> 文心一言输出：
> 1. 历史知识系统：主角刘禅可以通过学习历史，获得关于三国时期的知识和技能。这将有助于他在处理政治和军事问题时更加明智，并增加他成功领导北伐的可能性。
> 2. 实时翻译系统：这个系统可以让主角与不同方言和语言的人进行交流。在三国时期，不同地区和势力使用的语言和文字有所不同，这个系统将帮助主角克服沟通障碍。
> 3. 军事战略系统：这个系统将提供有关敌对势力和战场的信息，帮助主角制定有效的战略和战术。通过这个系统，主角可以了解曹魏的军事实力和战术，以及预测他们的行动，从而取得优势。
> 4. 谋略技能系统：这个系统将为主角提供各种谋略技能，包括人际交往、领导力、谈判、谍报等。这些技能对于在三国时期的生存和成功至关重要，尤其是对于一个试图挑战强大曹魏的势力而言。
> 5. 召唤系统：这个系统可以让主角召唤历史上的名人或传说中的英雄来帮助他。主角可以通过收集名人的魂魄或使用特殊的道具来召唤他们，这将为主角提供强大的支持和帮助，让他在三国时期的世界中生活得更加游刃有余。
> 6. 科技升级系统：这个系统可以让主角利用现代知识来改进技术和工具，或发明新的技术和工具。主角可以发明一种更先进的火药，或者引入现代医学技术来提高军队的战斗力和士气。这将为主角提供超越时代的优势，提高他成功实现目标的机会。

7. 忠诚度系统：这个系统可以显示主角周围人的忠诚度，包括将领、士兵和民众。主角可以通过各种手段提高他们的忠诚度，包括赏赐、善政、人格魅力和战略成功。忠诚度将直接影响主角的统治稳定性和战争胜利的可能性。

方法三：关键词分析

我们按照3.1节的"穿越到三国刘禅身上"为小说剧情，随机生成3个小说书名。

（1）《刘禅穿越之搞笑逆袭三国》；
（2）《刘禅重生记：三国笑谈大爆笑》；
（3）《穿越成刘禅，三国搞笑逆袭之旅》。

接下来我们把这3个名字丢给文心一言，并进行内容输入。

> **内容输入：**
>
> 我写了一本网文，大纲是主角王大毛生活在现代都市，阴差阳错之间穿越了三国时期，成为刘备之子刘禅。之后跟随诸葛亮一起打天下，最终刘禅成了天下共主。请以该内容为选题方向分析，我的3个网文"书名"哪一个更合适。如果没有合适的，请帮我再取几个网文"书名"。
>
> 我起的3个网文"书名"如下：
> 《刘禅穿越之搞笑逆袭三国》
> 《刘禅重生记：三国笑谈大爆笑》
> 《穿越成刘禅，三国搞笑逆袭之旅》

> **文心一言输出：**
>
> 首先，我认为这3个标题都没有完全准确地表达出你网文的内容和主旨。它们都带有一些幽默和搞笑的元素，但似乎过于轻浮，不能完全体现网文内容的深度和严肃性。
>
> 考虑到你的网文主旨是关于主角王大毛穿越到三国时期，成为刘备之子刘禅，跟随诸葛亮打天下，最终成为天下共主的故事，我建议将标题的重点放在"穿越""三国""刘禅"和"逆袭"这些关键词上。
>
> 以下是几个可能的标题建议：

1.《穿越三国：刘禅的逆袭之路》
2.《三国逆袭者：刘禅的重生传奇》
3.《刘禅的三国征途：逆袭天下》

这些标题都能更好地反映你网文的题材和主旨，同时也能够吸引读者的注意。希望这些建议能对你有所帮助。

方法四：自动生成大纲

具体讲解这个方法前，我们必须要明白，无论是文心一言、讯飞星火认知大模型、ChatGPT还是天工AI，都有上下关联检索功能。刚才我们进行内容调试时，所有问题都是在一个对话框中进行提问的。接下来我们不妨做一个大胆测试。

> 对文心一言输入：
> 请针对刚才我输入的网文设定和内容，帮我生成一份大纲。

> 文心一言输出：
> 当然，以下是一份可能的大纲，供你参考。
>
> 第一章　穿越三国
> 1.1　王大毛穿越到三国时期，发现自己成了刘备之子刘禅
> 1.2　刘禅接受现实，开始适应三国时期的生活
> 1.3　刘禅结识诸葛亮，开始了解三国时期的政治和军事情况
>
> 第二章　跟随诸葛亮
> 2.1　刘禅跟随诸葛亮学习兵法、政治和谋略
> 2.2　刘禅逐渐获得诸葛亮的信任和器重
> 2.3　刘禅参与诸葛亮的北伐计划，开始了解曹魏的军事实力和战术
>
> 第三章　逆袭之旅
> 3.1　刘禅在北伐中逐渐展现自己的军事才能和领导能力
> 3.2　刘禅与曹魏展开一系列战斗，屡获战功，逐渐成为天下英雄
> 3.3　刘禅通过各种手段削弱曹魏的实力，最终成功逆袭，统一三国
>
> 第四章　天下共主
> 4.1　刘禅成为三国时期的统治者，实现了天下共主的梦想

4.2 刘禅致力于治理天下，推行一系列善政，使人民生活安定、富裕
4.3 刘禅在历史上的地位逐渐上升，成为一位杰出的统治者

这个大纲只是个初步的设想，你可以根据自己的创作思路进行调整和修改。希望这份大纲能对你有所帮助。

> **温馨提示●**
> 因为人工智能具备上下关联检索功能，所以在这一步我们忽略了很多内容调试。如果我们要求人工智能帮助我们生成一份网文大纲，在没有进行之前的多次调试的情况下，则需要告诉人工智能这篇网文的大概内容、大概方向、属于什么类型、主角在什么阶段会做什么事情，然后针对这些内容扩充填写生成大纲。

方法五：关键词一键提供

对文心一言输入：
请帮我写出5个网文中描写人物微表情的关键词。

文心一言输出：
以下是5个网文中描写人物微表情的关键词。
眼角微扬：表示人物感到愉悦或满意。
眉头紧锁：表示人物感到忧虑、困惑或者不满。
嘴角下垂：表示人物感到不开心、沮丧或者失望。
目光闪烁：表示人物感到紧张、不安或者有心事。
面色潮红：表示人物感到害羞、尴尬或者激动。

对文心一言输入：
请帮我写出5个网文中描写极端天气的关键词。

文心一言输出：
以下是5个网文中描写极端天气的关键词。
暴风雪：猛烈的雪暴，伴随着强风和低温。
飓风：极强大的热带气旋，带有强风、暴雨和风暴潮。

> 雷电交加：形容雷电频繁、激烈的天气状况。
> 洪水泛滥：形容河水或其他水体因暴雨等原因而泛滥成灾。
> 极寒天气：形容极其寒冷的天气状况，通常伴随着冰雪和强风。

上述5种方法是人工智能辅助我们进行网文创作的关键，巧妙地运用任何一种，人工智能都可以在我们的网文创作过程中借力打力，帮助我们获得更好的成绩。

3.4 人工智能辅助网文创作 VS 取代网文创作

很多人认为，既然人工智能这么牛，那么完全可以使用人工智能创作网文。有这种想法是非常危险的，我们在讲人工智能生成新媒体文章时，的确讲了人工智能一键生成新媒体文章的方法，但在网文中我们并没有开设这一板块，为什么？因为人工智能辅助创作网文时存在某些问题，如图3-5所示。

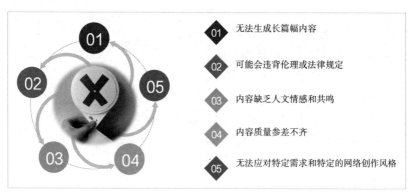

图3-5 创作网文的五大误区

第1点：无法生成长篇幅内容

让人工智能叙述网文中的某个点、某个关键词，或把已经写好的简介进行修改，生成符合我们要求的部分内容，这是可行的。如果指望人工智能一次性写出数十万字甚至上百万字的网文，它虽然的确可以，但内容逻辑不通、语言不顺,被读者观看的概率几乎为零,故创作意义不大。

第 2 点:可能会违背伦理或法律规定

这一点要注意,无论是今日头条、百家号还是其他新媒体平台,在使用人工智能进行内容创作时都有明文要求,即内容创造者要对人工智能生成的内容负法律责任。

什么意思?也就是说,哪怕这些大网站推出自家的人工智能,但也对其不信任,担心人工智能在创作过程中出现某些问题,引发版权问题。故索性把责任外推,谁使用人工智能谁担责任。比如,下面这两张图片,分别是讯飞星火认知大模型和百度文心一言对于人工智能模型输出内容做出的明文规定(见图3-6、图3-7)。大家如果感兴趣,可以看一下原文。简单来讲,人工智能生成内容的不确定性在几十到几百字内还可以遴选甄别,但让人工智能输出几百万字的网文时,就会存在这样或那样的问题,尤其是有可能会触犯到法律红线的问题。

《SparkDesk用户协议》 | 《SparkDesk隐私政策》
所有内容均由人工智能模型输出,其内容的准确性和完整性无法保证,不代表我们的态度或观点。

图3-6 讯飞星火认知大模型对于人工智能的明文规定

4.4百度提示您,作为本服务的使用者,您在使用上述服务时应积极承担信息安全义务。您承诺不对本服务采取以下行为:

图3-7 百度文心一言对于人工智能的明文规定

第 3 点:内容缺乏人文情感和共鸣

我们对人工智能输入指令,其实只是要求人工智能按照我们设定的框架、方向创作。如果让人工智能自由发挥、自由创作,就很难触动读者,引发共鸣。从某种程度上来讲,这也就意味着人工智能写出来的内容没有读者观看。这就是为什么人工智能只能充当配料,不能成为主菜的原因。

总之,一些边角料或关键词、形容词的填充可以使用人工智能,但整体的文本框架、逻辑构造则必须由作者自己完成。

第 4 点:内容质量参差不齐

不管是国内的人工智能模型还是国外的ChatGPT,在生成内容的过程中，若我们点击重新生成按钮，就会发现前后生成的内容质量参差不齐，质量不能得到保证。虽然能做到上下关键词组的关联性，但这种关联性无法做到情感一致和内容逻辑一致。内容质量高时或许可以吸引部分读者，但内容质量低的话，极有可能会影响跳出率。跳出率过高或数据波动过大的话，就会使平台放弃推荐我们的文章。

第 5 点：无法应对特定需求和特定的网络创作风格

我们仍以小白爽文为例，小白爽文在市场上的受欢迎程度有目共睹。小白爽文依托于两大设定，一类是系统，一类是脑洞。但对于系统和脑洞，人工智能都很难叙述，即便人工智能提供了脑洞和系统，且参与到网文的创作过程中，也无法让读者眼前一亮。对于某些特定情节的场景、周边环境的搭配，人工智能是无法创作出来的。

结合以上 5 点，我们得出一个结论：人工智能可以辅助网文创作，但绝不能取代网文创作。网文创作作为一个庞大复杂的写作工程，人工智能即便再发展 3 年、5 年甚至 10 年，也无法撼动网文创作者的市场地位。

第4章
图文转视频、转直播，打造个人 IP 的第 1 步

> 图文转视频、转直播的教程相对特殊，需要借助另一个类型的人工智能。这里所说的人工智能，不是文心一言、讯飞星火认知大模型、ChatGPT，也不是天工 AI，而是剪映、快影、万兴喵影等视频剪辑软件。

温馨提示
本章中的图文转视频用到了百家号的 AI 成片功能，所以我们的文章生成也直接用文心一言，以保证内容的连贯性。

4.1 图文 IP、视频 IP 和直播 IP 的区别

图文变现、视频变现、直播变现，最终目的仍是以打造 IP 为主。那么问题来了，IP 到底是什么？

举几个例子：我们想吃辣椒酱，第一时间想到的可能是老干妈陶华碧；我们想买空调，第一时间想到的可能是格力的董明珠……这些企业家已经把个人打造成了 IP，这些 IP 可以更好地推动企业发展。

如今个人品牌崛起，拥有 IP 就意味着在行业中有一定的话语权和知名度。

如果按照打造 IP 的模式往下推，就会面临一个问题：图文 IP、视频 IP 和直播 IP 应该如何选择？

从含金量角度分析，图文 IP 远不如视频 IP、直播 IP；从市场变现难易程度出发，图文 IP 的获利便捷程度高于视频 IP、直播 IP。

3 种 IP 的区别如图 4-1 所示。

图 4-1　3 种 IP 的区别

第 1 种：图文 IP

图文 IP 一般是指通过文字的方式来打造个人 IP。

这里的文字包括新媒体文章、网文、软广和硬广，以及某些商业性质的图文合作等。这部分内容的最大优势在于创作难度小，只要持续在某一垂直领域深挖，那就是图文 IP。比如，主营业务是家居装修，那么可以通过持续输出专业文章的方式告诉大家，房屋怎么设计更美观，装修时使用什么材料更环保……这些内容的持续输出，必然会吸引一部分"粉丝"关注，尤其是对短期内有装修意向的用户群体，就可以做 IP 转化，实现 IP 变现。

第 2 种：视频 IP

视频 IP 一般是指通过视频的方式来打造个人 IP。

打造视频 IP 的具体模式和打造图文 IP 相差不大，只需要把文章改成视频即可。目前可打造视频 IP 的平台中，今日头条、百家号、B 站、知乎号等以横版视频为主；抖音号、快手号、小红书号、微信视频号等以竖版视频为主。这两类视频 IP 的打造有所区分，一般横版视频打造的 IP

以知识增量为主，竖版视频打造的IP以娱乐化为主。

视频IP的打造难度比图文IP大，单纯地使用图文转视频的方式来打造IP在市场上不占优势，读者在观看视频过程中很难对内容创作者有立体认知。如果真人出镜再配合好的场景和好的台词，那么在视频领域打造出的IP的影响力要远强于图文IP。

第3种：直播IP

目前常见的打造视频IP的平台是抖音、快手等短视频平台。

小红书平台虽然客单价高、直播氛围好，但观看直播的人数明显低于抖音、快手、视频号。其中，视频号上更考验私域运营能力，在视频号上直播的前提是自己本身是某个行业的IP专家。直播IP涉及很多专业名词，如场关、在线人数，再如专业逼单，并且非常考验内容创作者的语言表达能力和临场反应能力。

4.2 图文转视频必用的4款智能软件

如果我们短期内的诉求不太高，也不指望一开始就真人出镜拍摄视频，而是仅希望将自己写的文章转成视频，那么可以用哪些软件呢？在这里我给大家重点推荐4款软件，分别是剪映、快影、AI成片、万兴喵影，如图4-2所示。

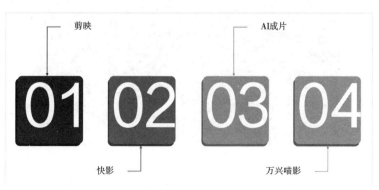

图4-2　图文转视频的4款软件

剪映

理论上说,只要想做视频剪辑,就必须有一款视频剪辑软件,如剪映、快影等。这些软件的部分操作和功能相差不大,这里我以剪映专业版为例给大家讲解一下剪辑软件上的常见功能。

1. 素材区各按钮的作用

打开剪映专业版,点击"开始创作"按钮(见图4-3),进入视频创作界面。

图4-3 "开始创作"按钮

视频创作界面左上方为素材区,其中有一排按钮,我们从左到右依次给大家讲解其功能。

● "媒体"按钮(见图4-4)。我们点击该按钮后,最左侧将出现一列按钮,从上到下分别是"本地""云素材"和"素材库"。在"本地"中我们可以点击"导入"或"我的预设",然后把我们之前已经拍好的视频导入剪映中,或把我们之前的预设导入剪映中。除此之外,我们也可以将素材库中的素材导入剪映。

图4-4 "媒体"按钮

● "音频"按钮(见图4-5)。点击该按钮可以添加音频素材,包括但不限于音乐、音效、音频提取等。我们在剪辑视频的过程中可以放一些舒缓、轻快或紧张、激烈的音乐，也可以增添一些特有的背景音效。

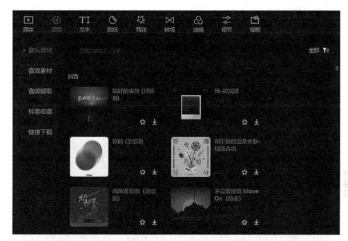

图4-5 "音频"按钮

- "文本"按钮（见图4-6）。点击该按钮，可以在视频页面编辑文字，包括但不限于匹配视频字幕、制作封面的文字特效等。此外，如果我们制作视频过程中有文案脚本，且视频字幕条与文案脚本完全相同，可以把文案脚本导入该界面，然后一键生成字幕即可。

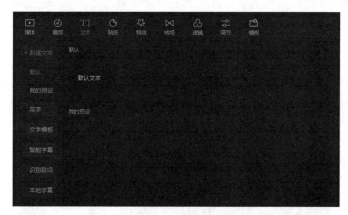

图4-6 "文本"按钮

- "贴纸"按钮（见图4-7）。其功能类似于我们在录制视频过程中做的一些小特效，如笑脸、哭脸、特有的箭头，在做产品推销或个人品牌时用得上。除此之外还有各种主题的贴纸，如秋日教师节、美拉德、旅行、爱心遮挡、露营等。

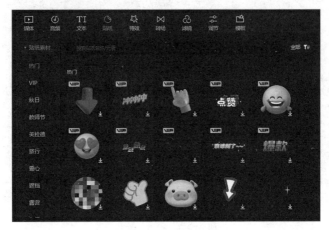

图4-7 "贴纸"按钮

- "特效"按钮（见图4-8）。要注意，某些特效素材是需要开通VIP才可以使用的，VIP里面的内容的确非常好用，但大家要考虑一下能否承担得起。除此之外，还有基础特效、氛围特效、动感特效、复古特效等。特效功能和贴纸功能类似，目的都是提高视频的完播率，避免观众在看视频时因单一的画面、色调、语言结构而产生视觉疲惫。

图4-8 "特效"按钮

● "转场"按钮（见图4-9）。准确地说，只要是口播视频就必然存在转场。转场的多与少、好与坏也决定了视频完播率的高低，原则上来说，每条视频原则上在播放10～40秒内，就需要一次转场，转场与下一次转场的间隔要尽可能短，好的转场能够带来较高的完播率。

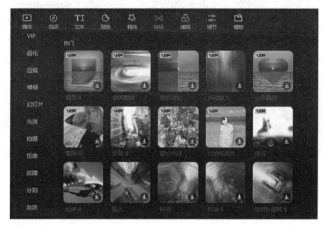

图4-9 "转场"按钮

● "滤镜"按钮（见图4-10）。滤镜的作用往往是让视频画面与主题更贴合。比如，视频博主说某些话时，要么故作深沉，要么异常欢喜，添加合适的滤镜，往往更能引起读者共鸣。对于滤镜，我们可以根据自己的需求选择。

图4-10 "滤镜"按钮

- "调节"按钮(见图4-11)。对于这个按钮,大多数新手暂且用不到,因为对新手来说操作难度会略大,此处不再赘述。

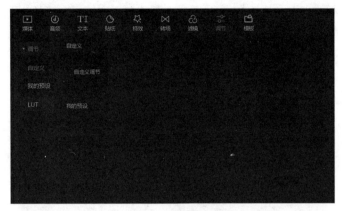

图4-11 "调节"按钮

- "模板"按钮(见图4-12)。这里的模板以竖版视频为主,抖音平台上一些美妆博主、舞蹈博主、旅行博主常用的模板,我们在这里都可以找到且免费使用。

图4-12 "模板"按钮

2. 功能区上方各按钮的作用

功能区上方从左往右依次是"画面""音频""变速""动画""跟踪"

和"调节",下面我们按顺序来讲解。

● "画面"按钮(见图4-13)。点击该按钮可以对视频进行调整,包括但不限于调整视频的大小、比例、旋转、位置,以及是否剪切等,还可以对视频中出现的人物做抠像处理,或使用美颜、蒙版等,属于针对画面单独处理的按钮。

● "音频"按钮(见图4-14)。点击该按钮后可以设置声音的音量、音效及某条视频的声音淡出和淡入时长。

图4-13 "画面"按钮

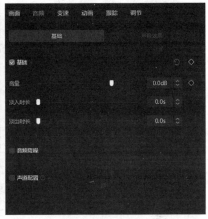

图4-14 "音频"按钮

● "变速"按钮(见图4-15)。使用该按钮后可以改变视频速度,如果我们是口播录制视频,且常规语速本就比较慢,那么建议将语速调整为1.2倍左右。关于曲线变速,建议新手不要使用。

● "动画"按钮(见图4-16)。可以添加入场、出场方式,如轻微放大入场、向上闪入入场、闪现出场、缩小出场。不建议新人使用组合模式,否则会因为动画

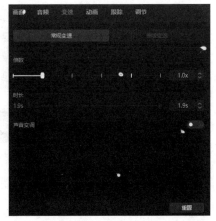

图4-15 "变速"按键

模式太多而拉高跳出率。

● "调节"按钮（见图4-17）。该按钮的功能较为复杂，对于新手来说，简单玩一下可以，过度研究的话意义不大，里面包括但不限于基础、HSL、曲线和色轮等诸多调节功能。

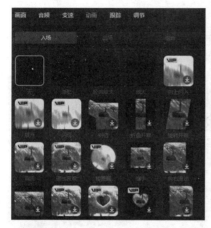

图4-16 "动画"按钮　　　　图4-17 "调节"按钮

剪映创作界面下方为时间轴，其中有许多小按钮，用于切割视频、定格视频及翻转或撤销（见图4-18）。因为功能太过琐碎，咱们暂且不做讲解，新人上手较为容易，大家下载剪映后按照对应的按钮流程操作即可。

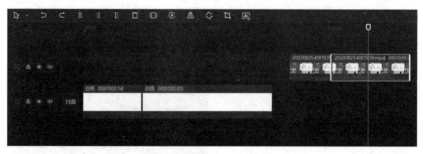

图4-18 时间轴

剪映有手机端App，也有电脑端软件，如果用剪映剪辑视频，建议以电脑端为主。

快影

快影是快手平台推出的便于手机用户剪辑视频的软件，如果大家没有电脑，那么建议以快影为主（见图4-19）。且现阶段快手平台对快影的使用有流量扶持，对新手较为友好。

快影里的功能和剪映差不多，细微区分是，快影软件里的剪辑按钮在最下方。

AI 成片

AI 成片的找寻方式比较困难，首先我们需要在电脑端打开百家号官网，注册成为一名百家号内容创作者，然后在百家号官网的左侧栏目组中找到"AI 成片"选项。

点击进入后输入相关文字，然后点击"一键成片"按钮（见图4-20）就可以直接生成图文转视频的相关素材。具体教程，我会在4.3节中详细讲解。

图 4-19　快剪与剪映的区别图示

图 4-20　"一键成片"按钮

资源下载码：2024BX

AI成片功能也有对应的App，即度加剪辑App，直接下载即可。

刚才讲到的3款软件，分别对应电脑端、手机端和网页端。无论通过哪一种方式剪辑视频，都能找到适合自己的视频剪辑软件。与此同时，这3款软件还有一个共性——可以直接用图文转视频功能。该功能需要我们把文案复制上来，然后一键生成视频。具体操作流程我们将在4.3节中详细讲解，此处不做过多赘述。

接下来讲解的第4款软件，和图文转视频没有任何关联，我们只需要该软件的特定功能——阈值。

万兴喵影

打开万兴喵影官网，下载PC端万兴喵影。万兴喵影最重要的功能是智能初剪。

打开万兴喵影，找到图4-21右上角的按钮（用白色线圈标记的按键）。

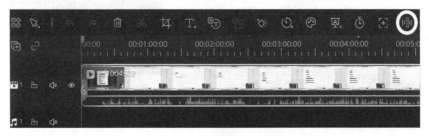

图4-21 初剪步骤（一）

点击该按钮后，会发现"音量阈值"为25%，"最小持续时间"为0.5秒，"缓冲区域"为0.1秒，如图4-22所示。

图4-22 初剪步骤（二）

我们需要对这些数据做微调,"音量阈值"最好在35%左右,"最小持续时间"微调为0.1秒,"缓冲区域"微调为0.0秒,如图4-23所示,这样内容节奏更有紧凑感,观众看我们的视频时跳出率会更低一些。

图4-23 初剪步骤(三)

其他功能都不用管,我们唯一需要用到的就是智能初剪功能。

4.3 图文转视频,全流程实操

为了便于大家理解图文转视频如何实操,我们用百家号的AI成片一键操作。在操作之前,我们需要先有一篇文章。

我们直接用百度的文心一言生成一篇关于刘丙润的自我介绍。

> **文心一言输出:**
>
> 大家好,我是刘丙润,是一名资深的自媒体人和写作导师。我拥有9年的自媒体从业经验,靠写作实现了月入7万元。我热衷于写作,并且热爱分享知识和经验。
>
> 我曾进行过数百次的公益写作内容分享,并先后担任了悟空问答营、写作训练营、基础写作营、读书营、小红书写作培训等活动的导师。我有着极

> 专业的自媒体教学经验，并已经培训了2000+的付费学员和8000+的免费教学成员。
>
> 我进行过大量的写作和教学工作，全网"粉丝"百万，文章累计阅读量破2.5亿。我曾获得快传号讲师认证、快手签约内容创作者、百家匠心计划签约作者、百家优选计划文史频道推荐官、百家榜、四次月度百家榜、头条营销价值榜、月度优质账号等多项荣誉。
>
> 我有着极其严格和高质量的教学要求，注重学员的基本功和技能提升，教学内容和方法也得到了广泛的认可和好评。我致力于帮助更多的人提升自己的写作技能和自媒体运营能力，实现自己的梦想。
>
> 感谢大家的关注和支持，我将会持续努力，为大家提供更多更好的内容和帮助。

我们复制上述内容，在百家号的AI成片界面中一键填入，如图4-24所示。

此时我们先不要一键成片，而是要先点击"AI润色"按钮，让百家号的AI成片功能帮助我们润色一下内容，如图4-25所示。

图4-24　百家号AI输入文案成片图示　　图4-25　AI润色图示

然后点击"一键成片"按钮，如图4-26所示。

需要注意的是，使用一键成片功能，只是百家号的AI成片功能将我们提供的文字转成了相关视频，会存在2个问题，如图4-27所示。

第 4 章 图文转视频、转直播，打造个人 IP 的第 1 步

图 4-26 文字被转为视频

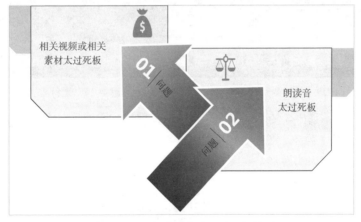

图 4-27 AI 成片功能涉及的 2 个问题

第 1 个问题，相关视频或相关素材可能太过死板，或完全以图片的方式出现。遇到这种问题，我们就要自己添加素材。添加素材的方式有很多种，比如，去摄图网购买有版权的图片或视频，抑或是自己直接拍摄相关视频片段。

第 2 个问题，朗读音太过死板。我们点击左侧的"朗读音"按钮会发现，平台提供了多种朗读音，且朗读音的语速和音量都可以进行调试（见

图4-28），但是这些朗读音和人的朗读音相比有很大差距，从情绪、氛围的铺垫来看仍存在诸多问题。

不过，百家号的AI成片功能有一个优势，就是它提供了很多素材供用户选择。我们点击左侧栏目组当中的素材库按钮，进入素材库，如图4-29所示。

图4-28 朗读音语速和音量

图4-29 素材库

在搜索框中，输入相关的关键词或关键句，素材库中能找到对应的视频或图片素材，这些素材我们可以在百家号平台上使用。这里提供的诸多素材可以为我们节省大量的内容创作时间，是其他软件一键成片功能无法做到的。

当然，除了百家号的AI成片功能，快影、剪映等软件也有一键成片功能。具体操作流程和百家号的一键成片相似，在此不做过多讲解。

4.4 图文转直播，全流程实操

图文转直播，其实就是我们常说的数字人直播模式。因为当下阶段数字人直播会涉及各种版权问题，所以我没有办法给大家展示详细的封面或图片，但我会给大家讲解实操方法。

市面上的数字人种类繁杂，本次讲的数字人直播并没有任何营销推广成分，大家如果有数字人需求，建议慎重。

本节讲解的数字人是腾讯智影，大家可以直接搜索关键词进入网页，然后一键登录。

在腾讯智影的主界面，我们点击中间靠上位置的"智能小工具"打开智能小工具列表。其中第2行第1个就是数字人直播（见图4-30），我们直接点击进入。

图4-30　智能小工具

进入后发现，左侧有一个"点击开通"按钮，如果我们真的需要数字人直播的相关功能或相关软件，购买对应的数字人直播即可（见图4-31）。因为本人没有开通直播功能，所以没有办法给大家详细展示数字人直播的具体画面。下面我直接讲数字人直播相关功能的使用方式。

首先，我们点击数字人直播功能页面右侧的"新建空白节目"按钮，如图4-32所示。

图4-31　"点击开通"按钮　　　图4-32　"新建空白节目"按钮

进入后就可以搭建我们的场景、话术、人员服装等内容。当我们搭建好具体的产品后,会在节目列表中予以展现(见图4-33),展示的内容包括但不限于节目ID、时长、编辑时间。

等我们做好这些准备内容后,在"我的直播间"页面(见图4-34)中将鼠标指针移到节目列表的小框中,就会出现"去开播"的按钮。然后点击"去开播",再设置一系列的内容,即可实现数字人直播。

图4-33 节目列表　　　　图4-34 "我的直播间"页面

关于数字人直播,这里我做几点补充,如图4-35所示。

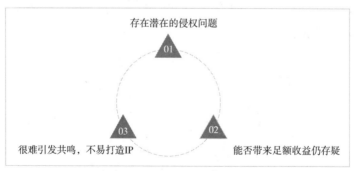

图4-35 数字人直播的3点补充

第1点,目前市面上的数字人直播是否存在版权问题不得而知,一些大品牌的数字人直播尚好,但一些小品牌的数字人直播很有可能存在侵权问题。一旦我们从中获利,就有可能带来不必要的麻烦。

第2点，数字人直播软件的市场报价一般在几百到几万元不等，如果涉及固定场景搭建及线下教学，很有可能突破3万元。花费如此多的资金打造出的数字人直播，能否带来足额收益还是一个问题，所以我们在购买数字人直播软件时要慎之又慎。

第3点，数字人直播软件能引起的共鸣有限，无论是对话、语言逻辑还是情商等各方面，远不如正常人直播，且数字人直播无法打造IP。

所以，数字人直播更适合某些本就不愁销量，且的确能带来利益的行业。搞笑主播、颜值主播等特殊主播，短期之内无法用数字人替代。

4.5 IP变现的5个核心和3个禁忌事项

从本书第4章开始，我们已经慢慢接触IP变现。所谓的IP变现，就是要把我们的身份先打造成IP，然后凭借这个身份获取足额利润。那么如何打造IP呢？在这里我给大家总结了5个核心和3个禁忌事项。

打造IP的5个核心如图4-36所示。

图4-36　打造IP的5个核心

核心1：充足的垂直内容

什么叫垂直内容？举个例子。

第1天发表的内容是如何制作版面，第2天发表的视频是三国时期的历史人物，第3天又做起了搞笑主播。每天的内容都不一样，且和之前有很大变化，这就不叫垂直内容。

这种情况下想要打造IP难如登天。但如果我们在某一垂直领域持续发力，例如，做美食教学、写作教学、影视剪辑教学等相关内容，且这部分内容能保证垂直度，那么IP变现就成功了一半。

核心2：摸清目标受众

无论我们制作的是图文、视频还是直播，一定要明白自己的目标受众是谁，要了解他们的兴趣、需求、喜好，由此才能制作出更具备针对性的内容来提高我们的IP变现效率。

核心3：多样化变现模式

想要IP变现就不能一条路走到黑，应该发展自身的多样性，在图文、视频、直播等多领域、多赛道展现出个人优势。同时也要深抓2～3个选题或垂类进行内容创作，这样能确保自己在某一条赛道出现问题时，其他赛道能持续不断给自己输血，既能实现IP变现的多样化，又能依托于多样化的变现来维系自己的IP身份。

核心4：建设品牌，做好内容推广

IP变现走到最后一定是品牌搭建，无论是某些知名的网红主播，还是在某些行业深耕的人，他们做的周边产品及对品牌的打造都值得我们学习。他们要么成立属于自己的公司，要么出书做个人背书，要么尝试做周边产品来引流，要么给自己的"粉丝"起一个绰号来提高"粉丝"的凝聚力，都是为了更好地做推广，提高IP变现。

核心5：社群互动

如果我们打造好了IP，且已经通过IP获得了足额收益，就必然要考虑社群运营。社群运营往小了说是方便我们进行产品对接；往大了说，一旦公域流量出现问题（无论是抖音、快手、小红书还是今日头条、百家号等平台，只要公域引流的过程中出现了不可控因素，就很容易导致账号被封禁），我们就可以凭借私域流量辗转腾挪。社群的运营刚好是私域流量的最直接体现，社群运营的好与坏直接影响到我们的后期收益及发展前景的好坏。

接下来讲一下打造IP的3个禁忌事项，如图4-37所示。

图 4-37　打造 IP 的 3 个禁忌事项

禁忌事项 1：侵犯版权或知识产权

这里的侵犯版权或知识产权说得相当隐晦，简单来讲，只要你想打造 IP，就绝对不允许复制抄袭。我曾经见过很多知识博主为了打出知名度，就拿着别人的产品直接照抄，很容易被"秋后算账"。比如，一些知识博主明明发展得顺风顺水，却因为三年前或两年前抄袭了某些课件，导致纷纷落马，在行业内的好口碑就此终结。我们一定要保证原创，这是每一个自媒体人的底线和原则。

禁忌事项 2：批量生产低质量和低价值的内容

一些小伙伴想要打造个人 IP，最开始时无论怎样运作都无法增长"粉丝"。某一天突然发现自己随口抱怨的几句话或没有意义的小作文获得了部分市场认知，于是决定走这条路，先把"粉丝"量提上来再说。殊不知这条路已经走进了死胡同。当我们批量生产低质量、低价值的内容时，身份就已经被锁死了，此时再想转型走 IP 之路，基本不可能。

禁忌事项 3：过度商业化

一些人总想着 IP 能变现，索性把 IP 和变现绑在一起，打造 IP 的目的就是变现，甚至为了变现不择手段。当我们持续这样做时，就走进了另一个极端——过度商业化。过度商业化推广出来的产品很难令读者信服，且读者一旦对我们推广的产品有所怀疑，我们的 IP 之路也就走到头了。

打造 IP 绝不是随口说说那么简单，它需要我们不断去实践、去努力，人工智能在其中仅仅起到辅助作用。

商业写作变现篇

21种商业写作方法详解

2015—2019年是新媒体流量变现的黄金时期，这段时间很多自媒体创业者都赚得盆满钵满。我认识的一位同行，做了一个矩阵，其中的某个账号一个月的变现额度能达到6位数，而且是只靠文章带来的流量。

但2019年后，各大平台对于文章的质量要求越来越高。到了2021年，其他商业变现方式开始涌现。如果我们把文章流量变现作为基础变现模式的话，那商业变现无疑前进了一步,成为了凌驾于基础变现模式之上的准IP变现模式。

文章流量变现目前仍有红利，但保守估计，这个红利期会在5～10年内消散，而商业变现则是未来的主流。

第5章
七大商业写作变现教程全讲解

目前市面上常见的商业变现模式一共有7种,如图5-1所示。这7种变现模式都可以借助人工智能进行辅助创作。这一章我们除了讲解7种变现模式外,还会重点讲如何找到7种变现模式的渠道,以及如何借助人工智能进行商业变现。

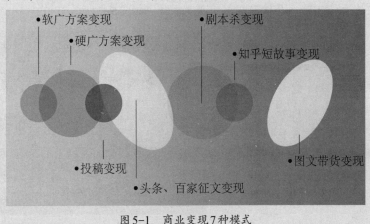

图5-1　商业变现7种模式

> **温馨提示●**
>
> 　　讯飞星火认知大模型对故事逻辑的构造能力,要略高于文心一言和ChatGPT。所以对于剧本杀的调试,用讯飞星火认知大模型展示效果会更好一些。为了保证本章内容调试的连续性,我们统一用讯飞星火认知大模型做内容调试。

5.1 软广文案变现——六大平台变现模式

我们可以把软广文案简单理解为一篇命题作文,其中命题者是甲方,写这篇作文的是乙方,也就是写作者。常规情况下,平台会依据账号的后台数据来确定作者是否适合某个品牌的商业合作,确定之后会有专人对接。对接业务一旦洽谈成功,就意味着写作者完成内容且通过多次审核后便能获得一笔不菲的稿费。

为了便于大家理解,我先展示一张我早期与平台合作的商业软广的要求和报价,如图5-2所示。

一篇软广文案的报价竟能达到1万元,当时我的新媒体账号远没有达到同行业的头部。如果作者有几个高粉垂直账号,那么完成一项商业合作最低报价可以达到5万元。至于某些优秀的网红博主,商业报价在65万以上。这种情况在新媒体平台里虽然不多,但每个人都可以尝试冲刺一下。

先介绍一些适合软广文案变现的平台,如图5-3所示。

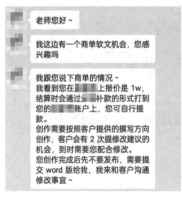

图5-2 合作商业软广

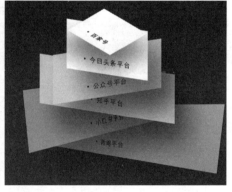

图5-3 适合软广文案变现的六大平台

平台一:百家号平台

百家号平台之所以适合软广文案变现,是因为从2023年开始,平台陆续推动了软广文案变现的相关议程。但是百家号平台目前的软广合作方面存在两个问题。

（1）要求账号深度垂直，否则接不到对应的商业软广。

（2）要求作者能产出足够多的效益，否则无法接到对应的商业软广，或者只能接一次，没有下一次。

百家号平台目前的软广合作要求示例如图5-4所示。

> 新商机询价
> 一、客户：某电视台的节目
> 二、营销场景：征文看UV
> 三、内容形式：效果类型征文带货，客户要求ROI
> 四、达人需求：暂未做要求
> 五、预算：未定
> 六、保量需求：要求保UV，客户UV成本0.135到机构
> 七、反馈时间DDL：有意向，可私聊联系具体的需求

图5-4 百家号平台软广合作示例

平台二：今日头条平台

今日头条平台因为背靠字节跳动，而字节跳动能承接的商单又非常多，所以有时会溢出部分商单给今日头条的图文内容创作者。此外，优秀且垂直的图文内容创作者也可以主动承接商单。就目前来看，对于商单的软广文案变现，今日头条和百家号呈齐头并进的态势，且百家号略胜一筹。

平台三：公众号平台

公众号平台属于典型的私域平台，对于公众号的商单，作者会显得异常纠结：有能力承接商单的作者不愿意做商单，而没有能力承接商单的想做又没有权限去做。举个例子。

我公众号有10万"粉丝"，账号IP是主做写作变现的。一些写作变现的公司培训个人来找我们做商业合作，我就会考虑，不管此次合作能获得多少利润，一旦我承接了商业合作，就相当于给他人做嫁衣，账号不自主不说，还有可能切断自己的写作IP商业之路。

所以对于公众号平台，软广文案变现虽然合理但不合情，会引起一些内容创作者的抵制。

平台四：知乎平台

知乎平台从2019年开始，商业合作的趋势越来越猛烈，也越来越鼓励图文内容创作者进行商业合作。因为知乎本就有别于其他平台，相较于头条、百家可以图文、视频两条路走，知乎对于图文的侧重力度明显更大一些。在这种情况下，知乎平台发展出了母婴育儿、健康养生、教育等相关类目的软广文案合作。这一部分软广文案的合作，含金量极高，

甚至可以和公众号媲美。

平台五：小红书平台

小红书平台虽然一直宣称图文和视频同等重要，但在运营的过程中往往会不自觉地照顾视频内容创作者，视频内容创作者可以在蒲公英（小红书商业合作对接平台）等一系列平台中获得高收益、高流量、高推荐和高扶持。虽然图文内容创作者不占优势，但软广文案的内容创作也能获得一笔不菲的收入。

平台六：微博号平台

微博号平台能获得的软广文案变现利润相对偏低，但好在量多。如果我们的账号优质、垂直，且对标娱乐、影视、综艺等领域，那么能承接到的软广文案和硬广文案数量还是超乎想象的，赚点零花钱不成问题。

六大平台介绍完了，接下来我们以百家号为例讲解软广文案变现的操作流程。

首先我们打开百家号后台主界面，在左侧栏目组的"变现工具"当中点击"度星选"（见图5-5），然后进入。

进入"度星选"的主界面后，我们能看到3个任务活动，分别是"征文任务""定制任务""招募任务"（见图5-6）。我会按顺序依次讲解，中间可能会涉及某些甲方的征文活动，所以我会把某些品牌及品牌要求的敏感内容做马赛克处理，希望大家谅解。

图5-5　变现工具　　　　　　图5-6　任务活动

（1）活动一：征文任务。

打开"征文任务"页面，可以随机选择一个任务活动（见图5-7），然后点击进入。

在正式参与该活动前，我们一定要查看活动的注意事项（见图5-8），它反映的是百家号平台的立场。一旦我们在立场问题上出现错误，就会出现平台不给我们结算甚至封禁我们账号的风险。我按照顺序给大家简单讲解平台规定的六大注意事项究竟是何含义。

图5-7　征文任务　　　　图5-8　平台规定的六大注意事项

第1点，参与的所有征文任务必须保证与主题明确一致。假如这个任务要求我们对某个内容、某个产品做推广，我们就必须优先侧重于产品的推广，绝不能离题千里。如果借助某些热点推广某些产品，且文中存在大量逻辑不通、语义不顺的问题，那大概率会被取消参与任务的机会。

第2点，封建迷信、敏感低俗、营销推广等相关内容禁止发表。封建迷信、敏感低俗等内容非但征文活动中不能发表，普通文章也不可以发表。这里的营销推广可能和小伙伴们想的有所出入，营销推广类信息一般是指除本次征文活动外的其他营销推广信息，以及明显的二维码、联系方式或特殊链接等内容。

第3点，在发表文章的过程中不得侵犯他人的著作权，不能复制抄袭，不得侵犯他人的肖像权。这条重点针对的是某些习惯发律师函的艺人，在发表内容的过程中要把控尺度。

第4点，话题任务对应的积分值，在百家平台上属于专属福利，创作者可以通过积分兑换某些常见礼品。

第5点和第6点，在某种程度上表明，平台有权指定某些人是否在获奖范围内。这一规则并不是针对新手的，而是针对老手的。因为我们见过很多新号钻了漏洞，明明不符合某项征文活动的参与条件，却拿到了很多大奖。由此可见，平台对于发表文章的账号进行多次审核，以此来判断是否符合参与条件，对于内容创作者来说好处远远大于坏处。

接下来我给大家展示的是征文活动的评奖规则（见图5-9）。在百家号参加征文活动和在其他平台参加征文活动，原则上相差不大，不过，在百家号参加征文需要注意4点，如图5-10所示。

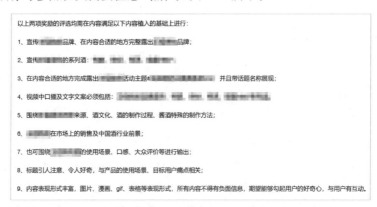

图5-9 奖项评选规定

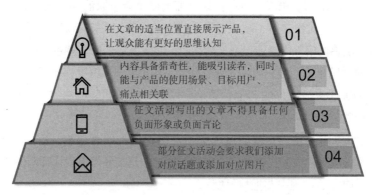

图5-10 在百家号参加征文活动的注意事项

（2）活动二：定制任务。

关于定制任务，通俗的理解是平台认为我们非常符合某些甲方的诉求，且我们的账号各方面权重也都非常可观，所以平台自作主张给我们牵头搭线。一旦我们和甲方相互确认，合作就可以顺利进行。就拿我之前接到的3个定制任务来说，订单金额从2000～6000元不等，定制任务包括视频和图文等内容，如图5-11所示。

图5-11　百家号定制任务

（3）活动三：招募任务。

招募任务（见图5-12）是百家号全新推出的能帮助作者赚钱的任务模式。在招募任务中，我们可以挑选感兴趣的任务参加，满足客户需求就能获取对应收益。

图5-12　招募任务

目前市面上常见的软广文案变现活动相差不大，不再过多讲解。在所有的商业写作变现中，软广文案变现往往更能够体现出我们的个人IP，是除剧本杀和知乎短故事变现之外最为特殊、含金量也最高的变现模式之一。

软广文案变现并不是甲方单纯地给我们安排任务，而是甲方在安排任务之前会对我们的账号及我们的更新能力、"粉丝"黏性做一个全方位的调研，符合对方诉求才有接到商单的可能。

5.2 硬广文案变现——十二大平台模式

硬广文案变现,可以通俗理解为不需要创作者进行任何内容创作,只需要把甲方要求我们发的内容发布到自己的账号上即可。一些小伙伴可能会好奇,如果这个钱真的这么容易赚,那么甲方为什么不发在自己的账号上,非要发在我们的账号上呢?原因很简单,因为他们压根儿没有账号,或账号"粉丝"黏性不如我们的账号。一个好的账号是运营者经年累月深度运营而来的。一些优质账号,哪怕只是被要求复制一些内容到自己的账号上,仍然能获得不菲的收益,如图5-13所示。

硬广文案变现相对容易,我们先说哪些平台可以实操,然后再给大家讲解需要达到怎样的账号状态,才能参与对应的商业合作。

硬广文案变现的12大平台如图5-14所示。

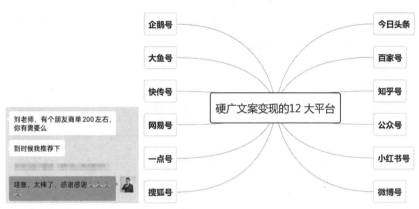

图 5-13　硬广文案收益　　图 5-14　硬广文案变现的 12 大平台

硬广文案变现并没有任何的运营技巧,毕竟连文案都不需要亲自写,而是复制别人写好的文案发布在我们的账号上。所以,相关的基础教学不需要多讲,唯一需要做的就是把账号运营到一个可接收硬广文案进行变现的状态,这样就可以源源不断地接硬广文案了。那么,账号达到怎样的状态才可以参与硬广文案变现呢?在这里我给大家列出了3个标准,如图5-15所示。

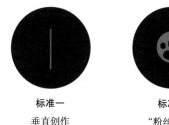

标准一	标准二	标准三
垂直创作	"粉丝"量大	平均阅读量≥2000

图 5-15　参与硬广文案变现的 3 个标准

标准一：垂直创作

无论是软广文案变现还是硬广文案变现，垂直是所有金主都较为看重的一点。比如，我们持续更新教育类内容，那么教育类软广就会找到我们；我们持续更新历史文化领域的内容，那么历史文化相关书籍就有可能找到我们。

标准二：有足够的"粉丝"数量

即便是在小红书上做商业推广，想获得500元/条的商单待遇，"粉丝"都需要在 1 万以上。1 万"粉丝"几乎是一个硬性门槛，若数量达不到，就很难引起读者信服，甲方也懒得对接这一部分内容创作者。

标准三：发布的内容的平均阅读量大于等于 2000

从我们进行内容创作的主界面是无法看到内容创作者的平均阅读量的，但是商家或甲方对接平台时，能看到我们账号的实际运营数据。如果我们在过去 3～6 个月的时间里持续发布了多篇文章，结果一个阅读量都没有，那么无论我们的"粉丝"有多少，都不太可能接到商单。这也是为什么一些高"粉丝"量的用户接商单时很难突破单条商单千元，而一些低"粉丝"量的用户在接商单时却能轻轻松松突破单条商单万元，因为"粉丝"黏性是甲方较为在意的。

5.3　投稿变现——3 种投稿渠道及投稿变现流程

创作者首先要明白什么叫投稿。投稿指的是甲方与创作者联系，创作者提出内容建议、观点想法，最终符合甲方诉求，然后经过二次修改、三次校正等多方流程后，甲方给予创作者固定的稿费，买断某篇文章的所属权。通俗的解释，就是把我们的文章交给别人，然后让别人代运营，这篇文章从交出去的那一刻起就和我们没有任何关系了。

在此之前，我先给大家详细讲解一下投稿的优点和缺点，如图5-16所示。

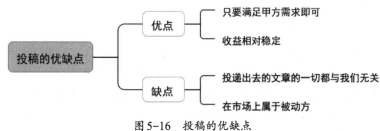

图5-16 投稿的优缺点

优势一，在投稿的过程中，我们不需要考虑这个本子、这篇内容、这份稿件是否符合市场需求，只需要符合甲方需求即可。也就是说，这篇文章完全是按照甲方规定去写的，不需要做任何的市场定性分析。

优势二，收益相对稳定。我的部分学员在2019—2023年不断地给某公众号投稿，现阶段能获得的收益是每篇稿件2000元一个月，稳定投稿5篇，月入过万是稳的。无论市场变化多大，利润稳定。

劣势一，当我们写出一篇文章、一份稿件投递给对应账号时，就意味着这篇文章与我们无关了，这篇文章所能带来的爆款收益、带来的"粉丝"增量、带来的市场发展前景也与我们无关。一旦对方平台终止我们的合作，就意味着我们需要找下家继续合作。换句话来说，就是我们没有稳定的账号，也没有归属于我们自己的绩效、收益、奖金。

劣势二，在市场上属于被动一方。现阶段通过写作变现的人越来越多，投稿的人也越来越多，但公众号也好，今日头条、百家号也罢，对于文章的质量要求越来越高，以质量取胜的难度也越来越大，除非是某些"粉丝"黏性较大的账号。大部分账号在保证质量的同时也要追数量，这就相当于变相降价，单篇文章能够带来的市场效益较低。

这样一来，甲方能够给到我们的利润分成也会降低。现阶段对于新人来说,写一篇稿件获得的直接收益可能连30元都不到。如果接下来市场波动再大一些,就很有可能出现一份稿件20元甚至10元的单价,这对于内容创作者来说的确不占优势。

目前市场上可供应我们投稿的渠道共3种,如图5-17所示。

渠道一　　　　　渠道二　　　　　　渠道三
公众号投稿　　今日头条、百家号投稿　　杂志或出版社投稿

图5-17　投稿渠道

渠道一:公众号投稿

公众号投稿在几年前就已如火如荼,黄金阶段应该是2019—2020年。这两年优质的公众号稿件配合着黏性极高的"粉丝",一个账号就可以对标一家公司,所带来的直接效益简直超乎想象。再加上公众号有大号拉小号的特性,一个公众号起量了,周边的其他小号也能顺带沾光,以公众号为主的运营业务在工作室当中屡见不鲜。

渠道二:今日头条、百家号投稿

今日头条和百家号近年来的发展虽然日渐趋于落寞,尤其是对于写作变现来说不太友好,但通过文字变现的部分头条号、百家号仍然需要内容写手来帮助他们不断进行创作。

渠道三:杂志或出版社投稿

某些杂志和出版社也会有对应的稿件需求,一般有历史、文化、教育、母婴、育儿等。稿费虽然不多,但有荣誉及相关奖励证明,可以当作背书。

额外补充一点,无论是公众号投稿还是今日头条、百家号投稿,其收稿方都不太固定。比如"刘丙润"公众号本月收稿,可能下个月就不再收稿了,这就导致具体的投稿账号,我无法在本书中盘点出来。但我会额外整理一个资料库,在本书出版时同步附赠,以保证有投稿需求的小伙伴能够实现效益最大化（随书籍免费发放电子版资料）。

接下来我们看一下投稿变现的流程。为了便于大家理解，我随机抽取一个可投稿的公众号，其对投稿的要求如图5-18所示。

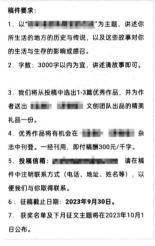

图5-18　稿件要求

一般征稿平台的征稿要求中必须囊括5要素，如图5-19所示。

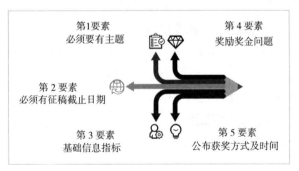

图5-19　征稿要求5要素

第一要素：必须要有主题

即这个征文活动收的是什么类型的稿子，是历史的、教育的、家庭的、育儿的，还是科学的、科普的、母婴的、娱乐的，抑或是综艺的、影视的，总之，一定要有主题，它是我们内容的创作方向。

第二要素：必须有征稿截止日期

一定要注意，原则上征稿截止日期前一两天就没有必要再投稿了，一来时间太过仓促，来不及准备；二来优秀稿件太多，我们的竞争力不足。一旦超过了征稿日期，那么这个活动就不用参与了，大多数平台对征稿的截止日期是非常看重的，截止日期后的任何一份稿件都不会计入评奖范围。

第三要素：基础信息指标

就拿图5-18所示的这份征稿活动来说，它详细要求字数在3000字以内，还有一些稿件会明确指出字数在1500～2000字，文章配图3～6张，发文方向以家庭教育、母婴育儿为主，以第一人称进行内容创作，要有个人的真实情感表达，等等。只要是征稿活动中明确的指令，都是我们要严格遵守的，尤其是某些火爆的投稿活动，可能一个关键信息不对就会失去获奖资格。

第四要素：奖励奖金问题

通过写作来变现这件事本来就不丢人，投稿变现也是如此，我最开始就是冲着利益来的。若利益太小、付出的精力太大，如每份稿件只有10～20元的稿酬，却要求写出3万～5万字来，这样的活动连看都不用看，我们要找到千字稿费在50～100元的投稿活动，否则意义不大。

第五要素：公布获奖方式及时间

我们要留心一下奖项公布的截止日期，如果能公布出对应的获奖稿件，我们就可以读一读，学习一下。虽然此次没获奖，但接下来还是有机会的。另外，如果我们获奖了，那么一定要第一时间对接投稿平台及其负责人，防止出现平台信息对接失误的情况。

5.4 头条号、百家号征文变现——征文变现的八大注意事项

本节我将给大家详细讲解头条号、百家号的征文变现活动。相较而言，

头条号、百家号的征文变现难度虽大，但规则都在明面上，暗中操作的可能性几乎为零，对于新人来说更加友好。

我们打开今日头条进入后台主页，然后点击"成长指南"下拉列表中的"创作灵感"（见图5-20），即可看到3个选项，分别是"创作活动""创作灵感""搜索任务"（见图5-21）。我们在"创作活动"中选择对应的体裁类型，然后选择参与状态和垂直领域，寻找适合自己的征文活动。

图5-20 "创作灵感"　　　　图5-21 创作活动

假定我选择的"体裁类型"是"文章类"，"参与状态"为"未参与"，"垂直领域"为"教育"，那么我可选择的活动如图5-22所示。

图5-22 征文活动图示

在该征文活动界面，我们可以看到对应的征文活动的奖金总额及有多少人参与。要注意，右上角标记为"已结束"的征文活动，表示该征文活动已无法参与。我们选择图5-22中左侧的征文活动，点击进入，查看参与方式。任何一项征文活动都有其具体的参与方式（见图5-23）。当然，征文活动的注意事项在该界面中也可查询，稍后我们会重点讲解。

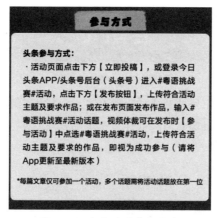

图 5-23　征文活动参与方式

百家号的征文活动相对简单，在百家号后台主界面直接往下滑就能看到热门任务，如图 5-24 所示。

图 5-24　百家号热门任务

要注意，当我们看到该界面时，一定要选择热门任务，而不是搜索话题。在热门任务中，我们可以看到其对应的奖励积分和参与人数，这里的积分是百家号特有的汇算机制。当我们参加百家号的某征文活动后，平台就会给予我们对应的积分。点击热门任务，再点击热门任务右方的"进入主界面"，我们会进入百家号后台的任务广场（见图 5-25）。在任务广场点击"积分中心"（见图 5-26），就能看到自己的百家号积分。积分既可以用来兑换虚拟奖励和实物奖励，也可以用来兑换京东无门槛券。

图 5-25　任务广场

接下来我以百家号的某征文活动为例,给大家讲解一下参加今日头条和百家号的征文活动究竟有哪些注意事项和要求(见图 5-27~图 5-31)。

图 5-26　积分中心

图 5-27　参与征文活动的流程和注意事项(一)

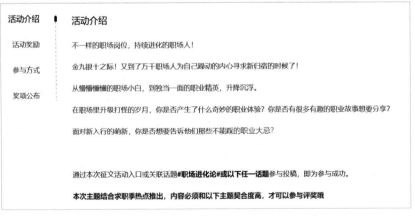

图 5-28　参与征文活动的流程和注意事项(二)

活动奖励

评奖规则： 根据主题契合度、发文量、内容质量、阅读量、互动量综合评选。

1、职场大咖奖： （图文视频奖励，活动期间发布图文/视频/短视频不少于5条）
- 一等奖（5名）：1000元
- 二等奖（10名）：400元/人
- 三等奖（30名）：200元/人

2、职场达人奖： （优质动态奖，活动期间发布动态不少于5条）
- 40名：100元/人

图 5-29 参与征文活动的流程和注意事项（三）

3、职场复活奖：

8月未发文的教育垂类作者（8月整月无任何内容类型的发文数据即算），活动期间至少发布3条任意内容【图文/视频/小视频/动态】，按照总分发倒排，前10名可瓜分1000元。

【其他奖励】

【流量扶持】：优质作者和内容将会得到官方百家号开屏、弹窗、百度热榜、频道bannner等资源位宣传以及热点栏目推荐、内容流量助推等。

【货盘供给】：平台运营可提供优质货品信息，优质作者可获得定制化佣金权益。

【爆款培训】：社群不定期提供热点以及爆款内容选题、开展名师大V内容及变现培训等，扫描小助手微信，添加后即可邀约入群。

（已加入百度教育官方社群的作者不要重复添加）

图 5-30 参与征文活动的流程和注意事项（四）

参与方式

通过本次征文活动入口发布【图文、视频、小视频、动态】任意内容，即算参与成功，或发布内容关联任一话题#职场进化论#、#职场经验谈#、#内行人谈职场真相#、#神奇的新职业#、#职场热点抢先看#、#职场Vlog#即为参与成功。

图 5-31 参与征文活动的流程和注意事项（五）

首先，我们打开百家号的#职场进化论#征文活动。要注意，征文活动一定有其对标的活动时间倒计时，我们必须保证自己参加的活动的倒计时在5天及以上。如果这个活动马上到截止日期了，那么参与这个征文活动的意义不大。因为这意味着参与人员已经很多，而我们短期之内制作出来的产品和别人的优秀作品相比，获奖概率会降低。

其次，我们看一下活动介绍，任何一个征文活动都会有活动介绍，我们可以把活动介绍当作此次征文活动的活动立意或活动选题。就比如该活动的介绍显示，此次活动是为"不一样的职场岗位，持续进化的职场人"量身打造的，到了金九银十之际，很多人都希望找到一个新的归宿，那么找到归宿后，怎样在职场中实现个人利益最大化，又如何体现出自己的职场价值来呢？这就是文章选题。

再次，我们要看一下活动奖励。活动奖励一般有几个大项，分别是优质作者的优质奖项、积极参与作者的表扬奖项及参与者的参与奖项。

优质作者的优质奖项，一般是优中取优，比如，一共有1万人参与此次征文活动，最终只有三个人能够获得一等奖，五个人获得二等奖，七个人获得三等奖。

积极参与作者的表扬奖，一般有固定发文条数，比如，该征文活动别人发了6篇，你发了7篇，那么你就有更大概率获奖。理论来说，你发表的文章数量越多，你的状态越好，你的创作能力越强，获得奖项的概率越高。它和某一篇文章的质量无直接关联，和过去一段时间的持续创作能力有极大关联。

参与者的参与奖，一般没有固定发文条数，也没有文章质量方面的要求，只要你参与活动就能够获得对应的积分和现金奖励。

最后，我们要看一下有没有硬性条件或硬性要求。比如，某征文活动要求必须绑定对应的话题发布才可以计入活动。这一点要注意，只要是硬性条件，原则上缺一不可，一旦某个硬性条件不达标，则直接丧失获奖资格。

5.5 剧本杀变现——市面上常见的剧本杀变现模式

市面上常见的剧本杀变现分为两类，一类是前端变现，一类是后端变现。前端变现是写剧本，后端变现则是围绕某些剧本杀来实现副业收入。我们先来讲解一下，如何通过写剧本变现。

既然要写剧本杀，就要明白剧本杀究竟包括哪些内容，如图5-32所示。

图 5-32　剧本杀四要素

要素一：故事背景和人物设定

故事背景是以时间线划分的，可以是过去、现在，也可以是未来或是某一个异世界。目前比较火爆的是民国本、现代都市本、悬疑本和搞笑本。人物设定这一块，目前搞笑本市场需求越来越大，如果人物搞笑或情节搞笑，那么变现会更多。除搞笑人物设定外，还可以增添恐怖、悬疑、惊悚等相关设定。

要素二：角色介绍

一个剧本几个人玩呢？可以有2人本、4人本、6人本、8人本，甚至可以有10人本。目前10人及以上的大型剧本比较少，因为这一类剧本杀的剧情演绎和剧情推理的节奏非常慢，可能会出现人物介绍过长、剧情节奏过度精简等问题。4人本、5人本、6人本较常见。

要素三：情节线索

如果你想写剧本杀，那么无论是搞笑本、谋杀本、盗窃本，还是恐怖本和灵异本，都一定要塑造对应的故事情节。而这个情节远不止单一要素，还可以增加某些悬疑、科幻色彩。

要素四：最终结局

在玩剧本杀的过程中，因为每个角色都会有不同的发展走向，所以每个角色都会有与之对应的结局。换句话来说，我们的剧本需要针对不同用户做出的不同抉择来搭配不同的游戏结局。

剧本杀的创作难度极大，现阶段很难用人工智能一键生成相关剧本，但是人工智能可以辅助提供灵感及相关的剧情设计。

> 🔟 **我们对讯飞星火认知大模型输入以下内容。**
>
> 内容1：请帮我写一份剧本杀的大纲。
>
> 内容2：剧本杀是4～6人本，如果人数不足6人，最少要求4人本。
>
> 内容3：该剧本是以搞笑搞钱为主，最终谁赚到的钱最多，谁就是赢家。
>
> 内容4：该剧本当中有一条暗线，张三和李四如果对暗号成功，那两人将结成团队联盟。
>
> 内容5：设计剧本时要多一些反转和剧情设计。

> 🔸 **讯飞星火认知大模型输出：**
>
> 剧本名称：《搞笑搞钱大作战》
>
> 角色：
>
> 1. 张三：搞笑担当，擅长搞笑表演，有一定的经济头脑。
>
> 2. 李四：聪明机智，擅长策划，对金钱有着极高的追求。
>
> 3. 王五：憨厚老实，容易相信别人，但有一颗善良的心。
>
> 4. 赵六：狡猾多谋，擅长算计，但内心有一份对金钱的渴望。
>
> 5. 刘七：冷静沉着，善于观察，对金钱没有太多的欲望。
>
> 6. 陈八：热情开朗，喜欢帮助别人，但对金钱没有太大的兴趣。
>
> 剧情大纲：
>
> 1. 开场：所有角色在一个搞笑的场合相遇，为了争夺一笔巨额奖金而展开竞争。
>
> 2. 任务一：所有角色需要在规定的时间内完成一个搞笑表演，观众投票决定谁将获得第一笔奖金。
>
> 3. 暗线揭示：张三和李四在对暗号的过程中成功交接，两人将组成团队联盟。
>
> 4. 任务二：团队联盟需要合作完成一个商业计划，赚取最多的利润。其他角色可以自由选择加入或不加入团队联盟。

5. 任务三：每个角色都需要完成一个个人挑战，赚钱最多的人将成为最终赢家。

6. 反转与剧情设计：在游戏过程中，可能会出现一些意想不到的反转和剧情，让玩家们始终保持紧张感和兴趣。例如，某个角色可能突然变得贪婪无比，试图独吞奖金；或某个角色可能在关键时刻出现失误，导致整个团队陷入困境。

7. 结局：最后，根据每个角色所赚到的钱数，决定谁成为最终的赢家。在这个过程中，玩家们不仅可以体验到搞笑搞钱的乐趣，还可以锻炼自己的智慧和应变能力。

注意事项：

1. 在游戏过程中，要保持轻松愉快的氛围，避免过于严肃和紧张。
2. 每个角色的性格特点要鲜明，以便玩家更好地投入游戏中。
3. 在设计反转和剧情时，要注意合理性和连贯性，避免出现过于离奇的情节。

我们会发现，使用人工智能辅助生成剧本杀大纲是可行的。但进一步的内容创作，则需要运用我们的文学功底。

我们再来讲解一下如何依靠剧本杀变现。

如果创作者本身能力有限，无法写出好的剧本，且对于剧本杀行业一知半解，就需要调整变现思路，从创作剧本杀调整成售卖剧本杀的周边产品，如解读剧本杀。

市面上的剧本杀有一个共性——人物关系比较难塑造，尤其是豪华版剧本杀，这一类剧本杀的暗线过多，甚至一个本子需要玩4~6个小时才能够搞清楚。如果没有主持人居中调节，连结局都猜不到，最终可能会花费一下午时间，却玩得稀里糊涂。

剧本杀市场行情如此，就非常有利于我们做剧本杀的后端产品。我们完全可以制作剧本杀周边内容，重点讲解某些剧本杀的剧情走向，以及对剧本杀做详细解读和盘点，但这里会涉及版权问题，所以要慎重。

我收集了剧本杀的一些投稿渠道和平台，会附赠在这本书的赠送资源中，希望对大家有所帮助。

5.6 知乎短故事变现——把故事变成钱

如果创作者有不错的写作功底,那么可以在知乎平台通过创作短故事的方式进行变现。接下来我把知乎能够变现的通道给大家进行详细讲解。

相比其他新媒体平台,知乎的基础流量收益几乎为零,该平台更倾向于内容收益。也就是说,只要创作者写出足够高质量的内容,就能获得与之匹配的收益。

盐选计划收益

在知乎后台界面,点击权益中心,再点击创作权益(见图5-33)。

图5-33 点击"盐选合作"

不难发现,知乎盐选专栏是服务于会员用户的付费专栏(见图5-34),分成两大板块,分别是知识专栏和故事专栏,而这两类专栏均能享受平台分成。

图5-34 盐选合作权益说明和解锁条件

如果知名度较高,就可以获得部分保底金额+额外50%分成。如果是独家签约,则能获得50%的分成,签约后还能获得海量平台资源、爆款作品扶持、版权衍生开发和个人品牌建设。

知乎盐选作者

关于盐选作者的解释如图 5-35 所示。

什么是盐选作者？

盐选作者即盐选专栏的签约作者。盐选专栏是服务于盐选会员的付费专栏，分「故事专栏」和「知识专栏」两大内容类型。成为盐选专栏签约作者，是在知乎实现内容变现小目标的主要渠道之一！

「故事专栏」收稿题材不限，古代言情、现代言情、婚姻家庭、科幻故事、奇特脑洞、灵异恐怖、悬疑推理、职场故事、真实故事、修仙玄幻等。优先征收：脑洞/科幻/悬疑/历史等男性向题材！以及带有创新元素的女频言情！「知识专栏」主要接受「历史故事」「军事战争故事」「纪实故事」「职业故事」「亲密关系干货」类型的投稿。

盐选内容的分发主要依托于知乎的社区场景，优质的作品将通过付费回答的形式分发给上亿用户，盐选签约作者将有机会获得丰厚的分成收入。

图 5-35　盐选作者

知乎平台盐选会员签约方式如图 5-36 所示，签约后的福利如图 5-37 所示。

有哪些签约方式？

签约方式	签约方式	分成与收益
作者经纪签	业内高人气或有标杆作品的作者	一定保底金额 + 50%分成
作品独家签	作品全版权（只签单部作品，不限作者人身自由）	50%分成

图 5-36　签约方式

签约后有哪些福利？

海量平台资源	爆款作品扶持	版权衍生开发	个人品牌建设
签约作品将作为付费回答进入首页流量池，瓜分千万级流量	头部爆款作品将获得平台商广资源及站外 KOL 推广资源	优秀作品将获得影视版权、书籍等全产业链衍生开发商业机会	优秀作者将有机会登上年度作家榜单、获得平台荣誉勋章

图 5-37　签约后的福利

短故事可以理解为短篇故事集或短篇小说，依托脑洞和趣味性。当然，平台也会对我们的优质内容进行流量推荐，以此来吸引更多的用户群体。这一部分市场变现难度相对较大，对于普通新人来说不是非常友好，但对于有一定文笔,且短期内没有写长篇小说打算的作家来说,非常适合。

在知乎平台,创作者除了能够获得盐选作家收益外,还可以进行付费咨询、付费问答及申请相关的视频权益。这些内容我们不做过多讲解,和头条、百家号有相似之处,我们只需要持续深度运营账号就能获得对等权益。

5.7 图文带货变现——商业合作的最直接变现模式

关于图文带货的利润到底有多高,前两年有个传闻,说一篇文章所带来的佣金收入可以超过6位数。不过对于普通新人来说,图文带货很难有如此高的成绩,但只要方法合适、技巧娴熟,每天带出10～20单产品,获取其中10%～50%的佣金,月利润在4000元以上还是可以实现的。

本节我仅以今日头条和百家号为例介绍如何进行图文带货,其他平台不做过多讲解,直接对标头条、百家号即可。

开通今日头条带货权益的方法为,首先点击今日头条左侧的"成长指南",然后在"创作权益"中点击"商品卡",如图5-38所示。"粉丝"量达到1万就可以开通今日头条的"商品卡"功能。要注意,开通今日头条商品卡功能后,发布违规内容将会面临扣除信用分值处罚。一旦信用值低于60,商品卡功能将会被直接关闭,如图5-39所示。除此之外,开通今日头条的商品卡功能的申请,需要人工评判。如果人工审核发现账号整体发文不优质,就有一定概率驳回申请。

图5-38　开通今日头条带货权益图示(一)

> **简介**
> 权益开通后,作者可在全体裁创内容中(包含文章、微头条、视频、小视频、问答、直播)插入商品卡,若读者产生实际购买并确认收货,作者可获得相应佣金收益。同时,作者还享有电商工具箱和橱窗。
>
> **使用规范**
> 发布低质、含违规信息等带货内容将面临扣除信用分值处罚,违规情节严重或信用分值低于60分,权益将被关闭。
>
> **功能申请与审核条件**
> 粉丝数满一万后,作者可以申请商品卡权益,申请后平台需要审核,审核通过方可开通带货权益。审核一般需要1-3个工作日,通过审核的标准主要为:经人工综合审核账号整体发文优质。

图5-39　开通今日头条带货权益图示(二)

开通百家号带货权益的方法为,首先进入百家号后台主页,点击"账号权益"下的"我的权益"(见图5-40),然后在右侧的百粉权益中开通"图文商品卡"和"视频商品卡"功能(见图5-41)即可。相对来说,百家号对于图文带货的规定更加宽松,完成作者认证,"粉丝"数大于100,信用分在80分以上就可以申请开通带货权益,如图5-42所示。

图5-40　开通百家号带货权益图示(一)

图5-41　开通百家号带货权益图示(二)

> **申请条件**
> 1、完成作者认证
> 2、粉丝数≥100
> 3、信用分≥80分
> 4、近30天内无违规处罚记录
> 5、非医疗职业作者
> 符合以上条件可申请开通
>
> **权益简介**
> 「图文商品卡」是百家号为作者提供的商品推广功能,可在图文中挂接商品(我的店铺、淘宝、京东、度好货),商品以卡片的形式展现。一旦用户产生实际购买,作者即可根据挂接类型获取相应的收益。

图5-42　开通百家号带货权益图示(三)

当我们开通头条、百家号的带货权益后，就可以进行图文带货了。为了便于大家理解图文带货的具体操作流程，我们以百家号为例进行简单讲解。

打开百家号的后台图文创作界面，找到最右侧的购物袋按钮，这个购物袋按钮就是图文带货的按钮，如图5-43所示。

图5-43 图文带货按钮

假定我们图文带货的内容是我的作品《结构化写作：新媒体高效写作手册》这本书，点击购物袋按钮之后，直接检索《结构化写作：新媒体高效写作手册》，在检索的过程中可以选定对应平台、分类、最低或最高价、实时热销、有优惠券、限时秒杀等。同时关于排序方式，也可以选择综合排序、佣金、销量、价格等方式。

对于新手，我更建议大家选择综合排序，至于分类、平台和热销、有优惠券、限制秒杀等暂且忽略即可，如图5-44所示。

图5-44 百家号图文带货界面

页面就是对应的书籍及佣金率。大家一定要注意佣金率，比如，我挑选的这本书籍刚好是我的自家店铺，原价是39.9元，佣金率是17%（见图5-45），这就意味着我每卖出一本书，就可以获得6.74元的佣金。只要这本书是正常交付的，没有产生退换货等，那么经过迭代周期后，平台就会给我返6.74元。

图5-45 原价和佣金率

选中目标产品后,我们点击"添加"按钮,就可以为该产品编辑商品标题,除此之外,还能看到商品价格及对应的预估收益,如图5-46所示。要注意,这里的预估收益,只是当下价格对应的收益。一旦货物价格上调或下降,预估收益就会随之波动。

图5-46 "商品设置"界面

然后点击"添加"按钮,百家号后台主界面中就会出现对应的卡片,如图5-47所示。点击该卡片,用户产生有效购买,我们就能获得佣金收益。

图5-47 商品卡片图示

具体的图文带货教程,我会在7.5节当中详细讲解,此处不再赘述。

第6章
如何找到适合自己的商业写作平台?

> 授人以鱼,不如授人以渔。在本章中,我会给大家详细讲解如何找到适合自己的商业写作平台。

6.1 公众号投稿平台搜索技巧

公众号投稿平台搜索技巧如图6-1所示。

① 约稿投稿平台

② 抖音、快手等账号检索关键词

③ 微信检索关键词

图6-1 公众号投稿平台搜索技巧

技巧一:约稿投稿平台

如果我们不知道哪些投稿平台靠谱,就可以直接在微信上搜索"约稿投稿平台"(见图6-2)。在该公众号中,我们可以检索出大量的投稿变现方式和渠道，如图6-3所示。

图6-2　约稿投稿平台图示（一）

图6-3　约稿投稿平台图示（二）

技巧二：抖音、快手等账号检索关键词

打开抖音（或快手），在搜索框输入"公众号投稿"5个字（见图6-4），检索对应的短视频就能看到各类当下阶段可投稿的公众号平台（见图6-5）。但是要注意，一些公众号平台打着能收稿的旗号，其实是为了增加"粉丝"关注量，即便我们投稿也无法被选中。对这种账号的鉴别方式是，看一下往期的内容创作，如果往期的确有收稿内容，且通过该账号分发，那么该公众号就是我们的合作平台之一。

图6-4　公众号投稿图示（一）

图6-5　公众号投稿图示（二）

技巧三：微信检索关键词

打开微信搜索界面，输入"投稿"二字并进行搜索，然后点击"全

部""视频号""文章""公众号""小程序"等,就能找到大量的微信公众号投稿平台,如图6-6所示。

图6-6 公众号投稿平台

除此之外,我们还可以在贴吧、今日头条、百家号等一系列的信息渠道或搜索引擎上寻找能够投稿的公众号平台。但需要注意的是,公众号投稿,逻辑上只要我们的稿件合适,就能赚到钱,但对于文章创作者来说,即便这篇文章成为爆款,也与我们无关。正因如此,这些年来我一直秉持的理念是,与其给别人运营账号、帮别人撰写文章,不如把账号牢牢把握在自己手里,凭借自己的能力来创作属于自己的账号和文章。

6.2 六大图文带货运营技巧

目前市面上适合图文带货的平台一共有6个,如图6-7所示。理论上来说还有其他能够带货的平台,但都不是主流平台,我们不做过多讲解。

图6-7 图文带货6大平台

今日头条带货

今日头条带货分为微头条带货、文章带货、视频带货和问答带货。其中问答带货存在产品Bug,有些问答即便有带货按钮,也添加了部分产品,却无法直接展示。而视频带货和文章带货,目前市场行情均不乐观,流量相对偏低,且数据普遍不好。今日头条的最优带货途径是微头条带货,微头条带货时,想要触发爆款概率,让更多的读者群体看到我们所带的产品,就要保证前60个字有趣味性的同时尽可能减少商业性,先吸引读者阅读,在阅读过程中介绍产品,这样能产生更好的购买量,同时不会引发读者反感。

我们点击今日头条的"发表微头条"按钮,进入微头条端口,点击右下方的"添加更多"(见图6-8),添加相应商品。然后进入"精选联盟"页面,输入对应的商品名称,如图6-9所示。

图6-8 今日头条带货图示(一)

图6-9 今日头条带货图示(二)

我们以《结构化写作：新媒体高效写作手册》一书为例。输入对应关键词，在搜索结果中选中需要的商品，然后点击"下一步"（见图6-10），按照微头条的带货流程，插入带货卡片即可。

要注意，今日头条的微头条带货有一个专属技能，能帮我们筛选出24小时以内的爆款内容。我们直接点击"24小时爆款"，排在第1位的是卤料包。如果我们能够撰写出对应的微头条带货文案，然后挂载该产品，每卖出一单都能够获得10元左右的佣金（见图6-11），如果能出一个大爆款，所带来的直接收益超乎想象。

图6-10　"结构化写作"搜索结果　　图6-11　获得佣金图示

之前有小伙伴反映过，头条带货文案的流量会少很多，这种说法其实并不准确，只能说头条对于图文带货内容的反馈热度没有那么高。在2019—2021年，图文带货的市场红利非常大，且通过图文带货的方式能够获得的直接收益也非常可观。但是2021年以后，图文带货能够带来的利润远没有之前那么乐观，这就要求我们在图文带货的过程中，要么通过人工智能辅助创作的方式走量，要么通过有深度、优质、垂直的内容打造个人IP，以求实现IP卖货。

百家号带货

百家号带货以图文为主、动态为辅。相较于头条号，百家号的图文带货优势更大，主要原因有两点。

（1）百家号的图文带货可以直接投"百+"进行辅助加热。一旦我们的某篇文章、某条内容出现爆款或者有爆款的趋势，就可以通过投放百+

币的模式激活流量，虽然只能带来极少的阅读量加持，但这一部分加持，如果运用在带货文章上并能产生良好效益，那就是一笔不赔本的买卖。

（2）百家平台对优质MCN矩阵往往会进行加油包扶持，而这一部分加油包我们可以投放带货文，激活带货文的流量，提升图文带货的成功率。

百家号图文带货的最大优势除了像头条一样可以添加商品卡，还可以添加本地生活的内容。比如，工业污水处理设备、搭电救援、开锁等一系列地方服务均可进行推送，如图6-12所示。

图6-12　本地生活类内容

公众号带货

公众号带货与今日头条带货和百家号带货最大的区别在于，公众号带货可以单篇文章带50个及以下商品。换句话来说，头条号和百家号都是一篇文章只能带一款商品，而公众号能够实现利益最大化，一次直接带50款商品（见图6-13）。而且公众号还有搭配因带货而组建的企业微信客服，其他平台则没有。

此外，公众号带货产品数量之多之杂也远超过其他平台，但是在公众号上带货要注意一个问题，那就是IP风向。很少有大IP账号在公众号平台上直接带货，因为这些大IP动辄"粉丝"超过10万、20万甚至百万人，他们可以凭借流量或个人IP实现利益最大化，带货反而会拉低账号的格局，破坏账号的口碑。所以，对于公众号带货，往往是中小型内容博主愿意参与，但大型内容博主则不太愿意参与。

图6-13　公众号带货优势

小红书号带货

就当下阶段来看，小红书号带货没有太多平台限制，平台对优质内容给予的流量扶持也非常可观。小红书号带货的最大优势在于，可以一键对标其他内容创作者的带货文案或视频，在带货的过程中直接点击同类商品笔记，即可一键查看（见图6-14）。再加上小红书是一个天然"种草"平台，对于带货的流量尺度反而高于其他平台。但小红书平台带货对于图与文的搭配要求极其严苛，这就意味着我们在进行图文带货的过程中，应该尽最大可能做出色调优质的内容文案+配图。这里给大家推荐一款软件——"创客贴"，大家如果有资金储备，可以去测试一波。当然，也可以找一些平替软件来一键生成图文产品。

图6-14　小红书号带货图示

大鱼号带货

大鱼号带货和公众号有相似之处，带货的最高数量为单篇文章10个产品。但大鱼号带货的限制较多，一般只能在大鱼号官网提供的带货界面中带货，即只能带淘宝的部分产品。大鱼号对于娱乐热点内容的流量扶持较大，对于历史类内容或泛知识类内容的推荐流量较少，这就意味着在大鱼号上进行带货的限制较多，相较于其他平台，依靠"粉丝"黏性带货的难度会略大。

知乎号带货

知乎号带货更像是个人IP的打造场景，其带货栏目一共分成三个，分别是"好物推荐""我的插件"和"付费咨询"（见图6-15～图6-17）。"好物推荐"是纯考验文笔的带货模式，在"好物推荐"页面中，我们可以带京东、淘宝、拼多多、知乎等平台的各类商品，还可以带知乎会员，以及美团酒旅和苏宁等平台的一系列产品。而在"我的插件"中，可以带与自己文章适合的插件服务。在"付费咨询"中，则可以带我们的付费产品。用户在读完文章后，通过付费咨询的方式对我们提出问题，我们便可以获得收益。

图6-15 好物推荐图示

图6-16 我的插件图示

图 6-17　付费咨询图示

6.3　我为什么不鼓励新人进行投稿变现？

从 2021 年开始我一直在讲，新人想在自媒体方面打造自己的 IP，就尽可能不要投稿变现。投稿变现对于新人来说的确能够获得快钱，短期之内也能够获得不菲收益，但不符合一位自媒体人持续且长远的发展道路。

投稿变现目前存在的四大劣势，如图 6-18 所示。

图 6-18　投稿变现的四大劣势

劣势一：写出的稿件并不能起到有效赋能的作用

我们辛辛苦苦写出一篇文章，无论是被某个公众号还是被某个头条号、百家号看中，一旦被重金收走并交易完成，那么无论日后这篇文章是否成为爆款，都和我们没有任何关系。短期来看我们能够获得收益，但是始终没有构建起自己的账号体系，得不偿失。

劣势二：投稿变现对新人不太友好

从 2019 年开始，我教出来的投稿变现学员超过了 2000 人。这些学员有一些闯出了名堂，甚至成了某些公众号的金牌作家，但是仍然有很大一部分投稿作者每篇稿件只能收获 30～50 元。熟悉这个行业的人都知道，即便一篇文章写得再差，也绝对不至于只获利 30 元。一般情况下，是

100元起步，甚至能够达到500元。那缘何从100元变成30元了呢？原因很简单，有人在中间吃差价。是谁呢？可能是矩阵，可能是中间人，也可能是部分小的公众号硬生生把价格打下来了。

劣势三：投稿变现的周期太长

大多数公众号收稿时都有相应的解释说明，比如，连续15个工作日没有答复，稿件自动作废，创作者可以再投给其他平台，切记不要一稿多投。对方这样要求没有问题，但要考虑一个极端情况。一般返稿不会超过2次，我们就按照2次来算，一次15个工作日，连续3次投递，就会耗时45个工作日，总时长相当于两个多月。就算这份稿件被选中了，且能够获得30元稿费，那也是得不偿失的。

劣势四：需要不断迎合收稿平台的需求

把稿件投给别的平台就要靠别的平台或别的账号来变现，需要满足对方的诉求，这样一来会影响到我们的创作效率，二来会影响我们的创作风格，到最后我们可能不知道自己为什么而创作了。

综上所述，得出一个结论：如果有意向走IP变现这条路，发展个人账号的优势要远大于公众号投稿。紧随其后，就要反推另一个问题：既然大家都知道公众号投稿赚不到大钱，而且公众号投稿存在的问题很多，那为什么还有很多人宁愿投公众号也不愿意发展自己的账号呢？这里面有3个原因，如图6-19所示。

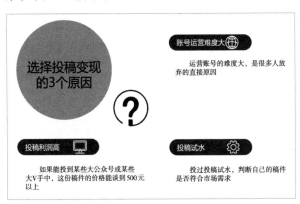

图6-19　选择投稿变现的3个原因

其一，账号运营难度大

很多人不愿意运营账号，实际上是因为运营账号的难度太大。在这种情况下，投稿其他公众号平台所能获得的直接效益远超运营个人账号带来的效益，自然会放弃长期利益，为短期利益着想。

其二，投稿利润高

如果能投到某些大公众号或某些大V手中，这份稿件的价格能谈到500元以上，带来的持续利润其实非常可观，远超过自己运营账号带来的利润。所以投稿的过程当中，如果能确定向上链接或有更好的发展前景，也可以大胆尝试。

其三，投稿试水

一些人没做过自媒体，如果直接运营很容易把账号作废。怎么能快速成长呢？可以先尝试投稿到公众号平台，通过别人是否收我们的稿件来判断我们写的内容是否符合市场预期。经过多次试水后，再运营个人账号。

结论：对于绝大多数内容创作者，运营自己的账号至关重要。但如果条件不允许，或投稿过程中对方报价高，或因为其他特殊原因而必须走投稿这条路，也不要有太大的心理负担。

作为一名自媒体人，在本章的最后我发表一下自己的观点：大家要尽可能有自己的账号，不管收益高低，起码在遇到问题时，这是个托底的存在。

第7章

人工智能如何辅助商业写作变现?

> 本章我会给大家重点讲解,人工智能如何辅助商业写作变现。相较而言,商业写作变现更需要个人IP,对于图文创作的限制也更多,但带来的收益也会更高一些。

温馨提示●
> 因百家号自带图文带货功能,且文心一言对图文带货内容的调试要比其他人工智能略优秀一些,而且它对剧本杀内容的调试与讯飞星火认知大模型相差不大。所以,为保证本章内容调试的连续性,我们统一用文心一言做内容调试。

7.1 人工智能辅助软广、硬广文案变现技巧

因为硬广文案变现相对简单,只需要把甲方提供的文案发到创作者的账号即可,所以在此我不做过多技术性讲解,人工智能在其中能够起到的作用,充其量只是文笔润色,本节将重点讲软广文案变现技巧。

为了便于大家理解,假定甲方要求如下。

要求一,为《结构化写作:新媒体高效写作手册》(以下简称《结构化写作》)这本书做商业宣传。

要求二,重点突出这本书的10种不同写作结构,以及能够给新人写

作带来的诸多帮助。

要求三，需要讲解购买这本书的配套服务，比如，刘丙润老师能够进行一对一链接，且提供答疑服务。

要求四，需要在文章结尾挂上该书籍的商品卡。

我们接下来讲的公式——问题解决方案公式，理论上可以解决所有商业合作中软广文案变现的文案脚本问题。

问题解决方案公式＝提出问题＋引入品牌的解决方案＋
品牌解决方案剖析＋品牌价值讲解＋引导用户下单

提出问题：提出引起共鸣的问题，且这个问题能够与需要推广的产品或软广相贴合。

引入品牌的解决方案：侧重于该款品牌能解决提出的问题，即痛点解决方案。提出问题、解决方案两者之间能够产生强因果关系。

品牌解决方案剖析：不仅要指出该品牌能解决问题，还要对该品牌解决问题的底层逻辑、核心逻辑做更深维度的分析。

品牌价值讲解：可以理解为品牌赋能，告诉用户或读者该品牌能在某些方面对其起到怎样的帮助。

引导用户下单：对标不同软广，一些软广需要有具体的成交额，成交额越高，带来的交付价值越高，软广的利益所得也就越高。

> 针对公式内容对人工智能输入以下内容。
>
> 提出问题：以自己写文章很慢、写不出爆款内容为主题，从第一人称角度来讲故事。
>
> 引入品牌的解决方案：找到解决办法，阅读《结构化写作》。
>
> 品牌解决方案剖析：《结构化写作》的10种写作结构对新人非常友好，是一本工具书。
>
> 品牌价值讲解：《结构化写作》还搭配答疑服务和视频讲解配套服务。
>
> 引导用户下单：现在购买只需39.9元。

把上述信息输入文心一言，要求其写一篇故事体的商业推广文案。

> 文心一言输出：
>
> 每次看到那些爆款文章，我都只能眼巴巴地羡慕。

我曾试过各种方法，从早晨睁眼就开始琢磨，一直到深夜，依然一字未写。即使是勉强写出来的东西，也是逻辑混乱，让人不知所云。我开始怀疑，我是不是真的不适合写作。

就在我几乎要放弃的时候，遇到了《结构化写作》。这本书就像是黑暗中的一盏明灯，让我看到了希望。它的10种写作结构像10个武器库，让我可以从中选择适合自己的工具，来构建我的文章。

我特别喜欢它的"问题–原因–解决方案"结构，它让我清晰地表达出自己的观点，让人一看就明白。而且，这本书对新人特别友好，即使你是刚刚开始写作，也能轻松上手。

更重要的是，这本书不仅有文字讲解，还有答疑服务和视频讲解配套服务。每当我有疑问的时候，都可以得到及时的解答。这些服务让我觉得，我并不是一个人在战斗，而是有一个团队在支持我。

现在，我再也不用担心写不出好文章了。我写作的速度也快了很多，质量也有了明显的提高。如果你也和我一样，对写作感到困扰，那么我强烈推荐你也来看看《结构化写作》。

而且，现在购买这本书只需39.9元。这对于一本如此实用的书来说，真的是非常划算。我相信，只要你读了这本书，你一定也会和我一样，找到写作的乐趣，写出让人眼前一亮的文章。

⑩ **我们继续对文心一言调试：**

输入内容一：重新修改故事，要求故事更具备可读性。

输入内容二：提高该文案的营销属性，引导用户直接在下方小黄车下单。

文心一言输出：

我曾是一个挣扎的写手，面对空白的文档，思绪万千却难以下笔。每次看到那些引人入胜的爆款文章，我都只能眼巴巴地羡慕。我尝试过各种方法，从早晨睁眼就开始琢磨，一直到深夜，依然一字未写。即使是勉强写出来的东西，也是逻辑混乱，让人不知所云。我开始怀疑，我是不是真的不适合写作。

然后，我遇到了《结构化写作》。这本书就像黑暗中的一盏明灯，让我看到了希望。它的10种写作结构就像10个武器库,让我可以从中选择适合自己的工具,来构建我的文章。我特别喜欢它的"问题-原因-解决方案"结构,它让我清晰地表达出自己的观点,让人一看就明白。而且,这本书对新人特别友好,即使你是刚刚开始写作,也能轻松上手。

更重要的是,这本书不仅有文字讲解,还有答疑服务和视频讲解配套服务。每当我有疑问的时候,都可以得到及时的解答。这些服务让我觉得,我并不是一个人在战斗,而是有一个团队在支持我。

现在,我再也不用担心写不出好文章了。我写作的速度快了很多,质量也有了明显的提高。如果你也和我一样,对写作感到困扰,那么我强烈推荐你也来看看《结构化写作》。

而且,现在购买这本书只需39.9元!对于一本如此实用的书来说,真的是非常划算!我相信,只要你读了这本书,你一定也会和我一样,找到写作的乐趣,写出让人眼前一亮的文章。

想要提升你的写作能力吗?现在就点击下方小黄车购买《结构化写作》,让我们一起踏上写作的高速公路!

7.2 人工智能辅助投稿变现——一键拆解投稿诉求,生成优质文章

为了便于大家理解人工智能如何辅助我们创作投稿文章,我们直接在公众号上搜索相关投稿征文活动,随机选中如图7-1所示的征文活动。

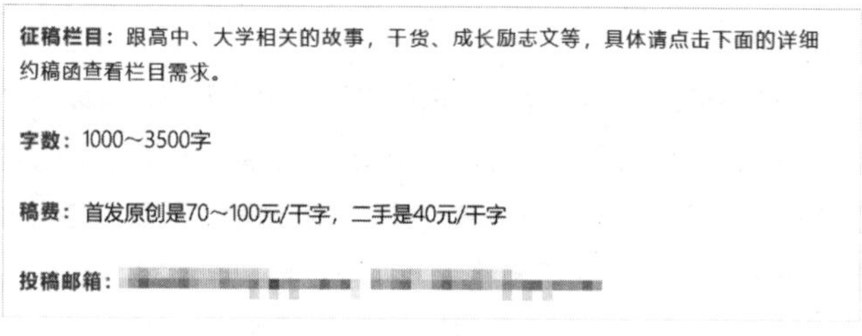

> 征稿栏目:跟高中、大学相关的故事,干货、成长励志文等,具体请点击下面的详细约稿函查看栏目需求。
>
> 字数:1000~3500字
>
> 稿费:首发原创是70~100元/千字,二手是40元/千字
>
> 投稿邮箱:

图7-1 投稿征文活动

假定征稿栏目的具体要求如下:

要求一,必须是高中、大学相关的故事。

要求二,必须是个人成长或个人情感的干货励志文章。

要求三,文章字数必须在500字以内(为了便于调试,真实创作时可拆分调试)。

要求四,必须以第一人称进行内容创作。

要求五,必须以正能量话题结束。

> **我们做一个有趣的测试,直接对文心一言输入:**
> 我要创作一篇公众号投稿文章,要求如上所示,帮我写出一篇符合条件的故事体文章来。

文心一言输出:

当我第一次踏入大学校园时,我感到无比地兴奋和紧张。这是我人生中一个全新的阶段,我不知道该期待什么,也不知道该如何面对接下来的挑战。

我很快发现,大学的学习生活比高中要复杂得多。课程更加难以理解,作业更加繁重,考试压力更加大。我感到迷茫和无助,不知道该如何应对这些挑战。

但是,我并没有放弃。我开始探索自己的学习方式和时间管理技巧。我发现,如果我能够在课堂上更加专注,如果我能够在课后及时复习和练习,如果我能够制订合理的学习计划,我就能够更好地掌握知识和技能。

在这个过程中,我也遇到了很多挑战和困难。有时候我会感到沮丧和无助,但我总是能够找到一些方法来克服这些困难。我学会了如何与他人合作,如何寻求帮助,如何保持积极的心态。

通过不断的尝试和努力,我逐渐适应了大学的学习生活。我的成绩也逐渐提高,我开始享受学习和探索知识的过程。我意识到,大学不仅是一个学习知识的地方,更是一个培养自己能力和素质的地方。

在大学的四年中,我学到了很多知识和技能,也遇到了很多挑战和机会。这些经历让我更加自信和坚定,也让我更加清楚自己的目标和方向。

现在,我已经大学毕业了,但我依然保持着学习的热情和积极的态度。我相信,在未来的路上,我会遇到更多的挑战和机会,但我也相信自己能够应对自如,迎接更加美好的未来。

我们会发现，人工智能可以根据我们提供的一些关键信息直接生成文章。但这一部分文章没有可读性，文章的"灵魂"仍然需要我们多次调试。

假定关键信息如下。

扩大覆盖面：高中成绩很差，高三努力拼搏考上了一本大学。

个人感悟：努力从来都不晚，从当下开始。

内容暗示：暗示读者把这篇文章分享给需要的人。

> ⟡ 继续对文心一言调试，且要求其符合以上条件，生成一篇新的故事体文章。
>
> 当我第一次踏入高中校园时，我并没有意识到学习的重要性。我每天上课打瞌睡，放学后和朋友们一起打游戏，成绩一直在班级倒数。
>
> 直到高二的下学期，一次和班主任的谈话彻底改变了我。他告诉我，如果我继续这样下去，很可能连高中毕业证都拿不到，更别提考大学了。这句话让我意识到，我必须开始努力学习，否则我的未来将会一片黑暗。
>
> 于是，我开始认真听课，做好每一次作业，积极参加课外活动。我也找到了一些学习方法和技巧，例如，制订学习计划、做笔记、复习巩固等。虽然一开始很艰难，但我逐渐适应了这种生活，并且发现学习也是一种乐趣。
>
> 在高三的时候，我面临着巨大的压力。我知道，如果我不能在这一年取得显著的进步，我的努力将会前功尽弃。于是，我加倍努力，每天花费大量的时间在学习上。我也参加了一些补习班和模拟考试，以提高自己的水平和应试能力。
>
> 最终，我的努力没有白费。我考上了一本大学，这是我人生中一个非常重要的里程碑。我知道，这个成果不仅仅是我一个人的努力，更是我的家人、老师和朋友们的支持和鼓励。
>
> 现在，我已经大学毕业了，但我依然保持着学习的热情和积极的态度。我相信，无论何时何地，只要我们意识到自己的不足并开始努力，就一定能够取得进步和成就。我也希望这篇文章能够激励更多的人开始行动，为自己的梦想而努力拼搏。
>
> 最后，我想告诉读者们：努力从来都不晚，从当下开始。如果你身边也有人需要这个故事，不妨把它分享给他们！让我们一起为美好的未来而努力！

投稿变现因为没有太多商业行为，所以没有太多公式可借鉴。一般甲方或收稿平台提出对稿件的诉求后，我们首先要有个大概框架，然后要求人工智能辅助生成，针对其特有的关键点来进行单独调试，这样就可以生成一篇符合收稿方要求的稿件了。

7.3 人工智能辅助征文变现——保证商业性的5个底层逻辑

为了便于大家理解，我对征文变现做以下假定。

假设某电动汽车工厂希望推广自家汽车品牌，所以在今日头条、百家号等诸多平台上发布了征文活动，并鼓励内容创作者进行创作，对优质作品给予流量加成和奖金分发。

这就涉及前文很少讲到的各大平台的征文活动。除了平台主动希望内容创作者进行创作的征文活动外（如求职记、教师节），大多数是由甲方参与其中，并进行利润分成的。

具体的合作模式为：某企业、某公司拿出对应的奖金鼓励内容创作者进行创作，而内容创作者创作出对应的内容后，按照可读性、阅读量、市场商业性等多方条件经过综合考量后获得激励。面对这种类型的征文活动，我重点介绍获奖的5个底层逻辑（见图7-2），再根据底层逻辑对标公式，一键生成。

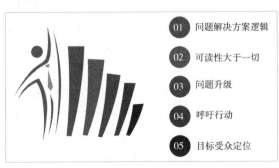

图7-2 5个底层逻辑

底层逻辑一,问题解决方案逻辑

无论是对任何一款产品做软广、硬广推荐,还是通过征文方式巧妙推广,都一定要有问题解决方案。问题解决方案可以理解为自问自答,即自己提出问题,又以读者能够理解的方式提出解决方案。这里的解决方案,就是我们参与征文活动时,甲方或平台需要我们推广的产品。

底层逻辑二,可读性大于一切

如果写了一篇文章,内容极具知识增量,那么这篇文章就很难吸引读者。为什么?因为别人读不懂,这篇文章写得再好再专业,平台也很难给予我们奖金激励。要注意,平台给予的奖金激励,从2020年开始就已经和阅读量挂钩了,没有阅读量就没有奖金激励。

底层逻辑三,问题升级

我们写的软广商业活动如果只针对某一个特别小的点,就很难引起读者共鸣。比如,我们为某教育软件做商业活动,如果只写"该教育软件能够提升孩子小学三年级某一个课时的数学能力",那么认可度会很低,但如果我们把该问题升级呢?不单单是小学三年级某一个课时的数学能力,而是提高孩子中小学的学习成绩及学习信心,孩子在中小学阶段学习成绩好,就有很大概率能考上好的高中、好的大学。把一个小的问题无限放大,当然是在合理合规的范围内,能够吸引到的读者会更多一些。

底层逻辑四,呼吁行动

在活动中推广某产品、某品牌时,不单单要有硬性推广,还要有呼吁行动的引导语。因为某些征文活动对点击下方挂载插件的阅读比有要求,部分征文活动还需要看后台的反馈数据,等等。这个时候只写文章是不可行的,还要有刺激读者进行下一步动作的专业话术。

底层逻辑五,目标受众定位

我们推广任何产品都需要考虑目标受众,比如,推广汽车,就应该把未成年人主动筛掉;推广学习教育,就应该把中老年群体主动筛掉。这并不是年龄歧视,而是不同年龄的群体有不同的产品需求。

我们依据上述5个底层逻辑,生成如图7-3所示的公式。

图7-3 基于底层逻辑生成的公式

我们按照该公式假定以下信息。

提出问题：年轻人究竟该不该买车？如果买车，是为了便捷，还是为了与亲友攀比？

问题解决方案：老婆、孩子、家里老人有急事时，私家车的效率远超过出租车或公共交通工具。所以找一款性价比合适的汽车很重要。

问题升级：遇到一些重大事情，如老婆怀孕、父母病重、孩子择校等，指望公共交通工具的话时效性压根儿无法保证。

引导用户分享：A款品牌汽车落地价才29999元，而且是小车型，解决应急问题非常合适。

> 我们对文心一言进行调试，"投喂"上述信息并作如下指令：
> 请针对上述信息，帮我写出一篇商业爆款文章。

文心一言输出：

年轻人，为了家庭，你应该买车！

你是否在疑惑，作为年轻人，我们是否应该购买一辆汽车？是为了那看似实用的便捷性，还是为了满足亲友间的攀比？今天，我们就来深入探讨一下这个话题。

首先，我们必须明确一个事实：在生活中的某些时刻，汽车能为我们带来无法比拟的便利。想象一下，在一个冬天的早晨，你无须为了等车、挤车而受冻，也不用担心孩子上学迟到的问题。或在一个倾盆大雨的夜晚，你可以驾车安全顺利地回家，而不必担心出租车司机拒载或公共交通工具延误。

其次，对于家庭而言，一辆汽车的意义远超过个人的便捷。当你的妻子、孩子或家里的老人遇到急事时，私家车的效率无疑远超过出租车或公共交通工具。想象一下，在紧急情况下，你能以最快的速度抵达他们身边，给予他们必要的照顾和安慰。这时候，一辆汽车的价值是无法用金钱来衡量的。

而且，如果你能找到一款性价比合适的汽车，那就更加划算了。比如，最近备受瞩目的××品牌汽车，落地价仅需29999元，而且是一款小车型，对于城市出行来说非常方便。这样一款汽车，不仅解决了我们在日常生活中的应急问题，而且无须承受过大的经济压力。

当遇到一些重大事情时，比如，老婆怀孕、父母病重、孩子择校等，公共交通工具的时效性往往无法达到我们的期望。这时候，一辆私家车就能很好地解决这些问题，让你在关键时刻陪伴在家人身边，给予他们必要的支持和照顾。

总的来说，年轻人购车并不仅仅是为了个人的便捷，更是为了家庭的责任和担当。选择一款合适的汽车，既能解决我们在日常生活中的实际问题，也能在关键时刻为我们提供必要的保障。不要让汽车成为我们生活的负担，而是要让它成为我们享受生活的工具。

最后，让我们一起来分享一下自己与爱车的感人故事吧。让我们看看其他人如何在汽车的陪伴下度过人生的每一个重要阶段，如何在需要的时候给予家人及时的关爱与支持。也许，这些故事会激发你对汽车新的理解和认知。

> **⑩ 我们对文心一言进行二次调试：**
> 其一，开篇讲故事，以第一人称来讲：私家车给普通家庭带来的便利性。
> 其二，在文章结尾要有点击下方链接，详细了解汽车的相关话术。

> **文心一言二次输出：**
> 年轻人，为了家庭，你应该买车！
> 开篇先来讲一个故事吧。我是一个大城市的普通上班族，每天朝九晚五，生活节奏快，城市交通又十分拥堵。有一天，我收到了一个紧急通知，我年迈的母亲突然生病，需要立即送医。我陷入了两难，打出租车，我怕堵在路上，延误了病情；挤公交，时间虽长，但至少我不会因为特殊情况被堵在路上。正当我犹豫不决时，我看到了路边一个牌子——"为生命加速，××汽车，让出行更安心"。毫不犹豫地打开App，下单购买了这款落地价仅需29999

元的××品牌汽车。有了这款车，我不再担心母亲生病的问题，也不再担心孩子上下学的接送问题。从此，我的生活变得更加安心、便利。

我们回到最初的问题：年轻人究竟该不该买车？是为了方便快捷，还是为了亲友攀比？答案似乎已经非常明确。对于普通家庭而言，一辆合适的汽车能带来的便利性是公共交通工具无法比拟的。无论是日常的上下班通勤，还是遇到特殊情况，如上述我母亲生病的时候，一辆私家车都能让你在最短的时间内到达目的地，为你的生活节省大量的时间成本。

当然，购买汽车并非易事，它需要花费一笔不小的费用。然而，这并不意味着我们应该忽视汽车的便利性和实用性。相反，我们应该寻找那些性价比合适的汽车，正如上述故事中的××品牌汽车，落地价仅需29999元，不仅解决了我们在日常生活中的应急问题，而且无须承受过大的经济压力。

如果你对汽车感兴趣，想要了解更多关于汽车的信息，点击下方链接，来详细了解这款让生活更加便捷的神奇小车吧！

链接：××品牌汽车介绍及购买指南。

结尾的时候，我想说，年轻人购车并不仅仅是为了个人的便捷，更是为了家庭的责任和担当。选择一款合适的汽车，既能解决我们在日常生活中的实际问题，也能在关键时刻为我们提供必要的保障。不要让汽车成为我们生活的负担，而是要让它成为我们享受生活的工具。让我们一起享受汽车带来的便利和乐趣吧！

> **温馨提示●**
> 原则上人工智能辅助的征文变现和人工智能辅助的投稿变现没有太大区别，但现阶段因为甲方参与，导致征文活动的逐利性明显增强，所以征文活动与软广写作的要求有大量重叠之处。

各平台与甲方往往会达成某些利益合作，通过征文的方式实现甲方的利益最大化。在这个过程中，对内容创作者并不友好。很多内容创作者不知道其中的猫腻，更不懂其中的逻辑，总认为按照平台要求写两篇征文就能获奖。殊不知征文和阅读量是直接挂钩的，阅读量的多与少在某种程度上还略优于质量的高与低。所以我们在写征文活动时，以第一人称讲故事为主，如果有合适的热点，那么还可以多蹭一些，以保证阅读量达到甲方要求的最低标准。

7.4 人工智能辅助剧本杀变现

作为资深剧本杀玩家，我在过去几年也陆续孵化了一些剧本杀内容创作者。其实剧本杀写作和爆款文章写作有很多相似之处，只不过剧本杀写作讲究大开大合，类似于总分总模式，且需要为每一个分支设定不同的结局。如果创作者在写作时脑洞较大，那么剧本杀的发展方向要远超过普通流量文章、商业合作甚至是网文的发展方向。同时剧本杀也是最容易打造IP的模式，优质剧本往往能够卖到5000～10000元，其带来的个人IP增量也超乎想象。

剧本杀的写作有份详细大纲，但这份大纲对于新人的可借鉴意义不大，即便借助人工智能，以公式的方式进行填充，对新手也极不友好。所以我今天讲一个剧本杀的简化版教程，方便大家入门实操。

剧本杀经典公式：

确定人数+人物关联+背景组织+时间线+
秘密公开或试探+最终任务

任何剧本杀，只要确定以上6个信息，即便写得再烂，仍然具有市场前景。换句话说就是，以上六大信息是一个完整的剧本必备的核心数据，缺一不可。

我们假定关键信息如下。

确定人数：4人本，张三、李四、王五、赵六。

人物关联：张三、李四是好朋友，李四、王五是情敌，张三、赵六是亲戚关系。

背景组织：张三是杀手组织，李四、王五、赵六是侦探组织，但三人互不知情。

时间线：民国三年某月，张三通过杀手组织安排的任务，于下午4：

27：15刺杀了地主赵老爷。

秘密公开或试探：王五是间谍，关键时刻需要保护张三，但必须由张三说出那句"离离原上草"当作接头暗号，且王五补出"一岁一枯荣"作为接头暗号。

最终任务：张三摆脱嫌疑则胜利，李四、王五、赵六指认凶手为张三，则获得胜利。

> **我们对文心一言进行输入：**
> 请针对上述信息，帮我写一份剧本杀的大纲主线。

> **文心一言输出：**
> 剧本杀大纲主线：
> 一、人物及背景
> 张三：杀手组织成员，任务是刺杀地主赵老爷。
> 李四：侦探组织成员，调查赵老爷被刺案。
> 王五：侦探组织成员，调查赵老爷被刺案，实际上是间谍，需要保护张三。
> 赵六：侦探组织成员，调查赵老爷被刺案，与张三有亲戚关系。
> 二、事件经过
> 民国三年某月，张三接到杀手组织的任务，于下午4：27：15成功刺杀地主赵老爷。
> 李四、王五、赵六分别接到侦探组织的任务，对赵老爷被刺案展开调查。
> 在调查过程中，李四怀疑张三是凶手，但因为和张三是好朋友，不愿意相信。
> 王五得知张三是杀手组织成员，但因为自己是间谍，需要保护张三，所以暗中观察。
> 赵六在调查过程中发现了一些线索，开始怀疑张三。
> 三、关键节点
> 李四、王五、赵六在调查过程中，逐渐掌握了张三的一些证据，开始怀疑他是凶手。

王五为了保护张三，暗示张三说出接头暗号"离离原上草"，自己补出"一岁一枯荣"作为接头暗号，以表明自己的身份。

张三在王五的暗示下，明白了王五的身份，但不愿意暴露自己。

在最终的任务中，张三需要摆脱嫌疑才能获胜，而李四、王五、赵六则需要指认凶手为张三才能获得胜利。

四、结局

如果张三成功摆脱嫌疑，则获得胜利。

如果李四、王五、赵六成功指认凶手为张三，则获得胜利。

这个剧本融合了复杂的情感关系、谋杀案的解谜元素和玩家之间的心理博弈，是一场充满悬念和戏剧性的推理对决。每个角色都有自己的目标和秘密，玩家们需要巧妙地互动和决策，以决定最终的结局。接下来我们对剧本杀当中的人物做单独时间线设定。

> 继续对文心一言输入：
> 代入张三的角色，围绕该剧本杀设定，写出属于张三的剧本情景，且要求有民国三年刺杀地主赵老爷当日的时间线。

> 文心一言输出：
> 剧本杀情景剧本：张三
> 时间：民国三年某月某日，下午4:00~5:00
> 地点：地主赵老爷府邸
> 人物：张三、赵老爷、赵府丫鬟
> 开场：
> 张三身穿黑色夜行衣、蒙面、手持匕首，潜伏在赵府外的树林中。他看了一眼怀中的任务信条，确认了刺杀目标是地主赵老爷。
> 4:10：
> 张三趁赵府丫鬟不注意，翻墙进入赵府。他避开巡逻的家丁，迅速向赵老爷的卧室靠近。
> 4:25：
> 张三来到赵老爷卧室窗外，发现赵老爷正在书桌前看书。他深吸一口气，

调整心态，准备行动。

4：27：15：

张三破窗而入，一刀刺向赵老爷的心脏。赵老爷惊恐地看着他，倒在地上。张三迅速搜出赵老爷身上的地契和金银珠宝，然后逃离现场。

4：35：

张三在赵府外的树林中，遇到了一个神秘的黑衣人。黑衣人告诉他，王五是间谍，关键时刻需要保护张三，但必须由张三说出那句"离离原上草"当作接头暗号，且王五补出"一岁一枯荣"作为接头暗号。

4：40：

张三回到杀手组织的藏身之处，将地契和金银珠宝交给组织头目。头目表扬了他任务完成得干净利落，并告诉了他下一步的任务。

结局：

张三成功摆脱嫌疑，获得胜利。他在这次任务中表现出色，得到了杀手组织的赏识和信任。同时，他也开始思考自己的生活和未来，是否继续走这条路。

对文心一言继续输入：

针对该时间线，补充一个交叉时间线，张三手中的匕首是从李四身上偷的，且这个匕首之前被王五见过。

在当天下午4：20，李四与地主赵老爷单独喝过一杯茶。

围绕李四写一份张三刺杀地主赵老爷时的时间线，且李四不是凶手，但具有重大嫌疑。

文心一言输出：

剧本杀情景剧本：李四

时间：民国三年某月某日，下午4：00～5：00

地点：地主赵老爷府邸、李四家中

人物：张三、李四、赵老爷、赵府丫鬟

开场：

李四身穿白色长衫来到赵府，与地主赵老爷单独在书房中喝茶。他们谈论了一些关于土地和生意的事情。

4:10：

张三潜入赵府，寻找刺杀赵老爷的机会。他在赵府的花园中遇到了李四，发现李四身上带着一把精致的匕首。张三心生一计，悄悄地从李四身上偷走了匕首。

4:20：

李四与赵老爷喝完茶后，离开了赵府。他没有察觉到自己身上的匕首已经被张三偷走。

4:25：

张三来到赵老爷卧室窗外，发现赵老爷正在书桌前看书。他准备用从李四身上偷来的匕首刺杀赵老爷。

4:27:15：

张三破窗而入，用匕首刺向赵老爷的心脏。赵老爷惊恐地看着他，倒在地上。张三迅速搜出赵老爷身上的地契和金银珠宝，然后逃离现场。

4:30：

李四回到家中，发现自己的匕首不见了。他怀疑是被张三偷走了，但因为和张三是好朋友，不愿意相信他是凶手。

4:35：

张三在赵府外的树林中，遇到了一个神秘的黑衣人。黑衣人告诉他，王五是间谍，关键时刻需要保护张三，但必须由张三说出那句"离离原上草"当作接头暗号，且王五补出"一岁一枯荣"作为接头暗号。

4:40：

张三回到杀手组织的藏身之处，将地契和金银珠宝交给组织头目。头目表扬了他任务完成得干净利落，并告诉了他下一步的任务。

结局：

虽然张三成功摆脱了嫌疑，但李四成了重大嫌疑人。因为张三使用的匕首是从李四身上偷来的，而且这把匕首之前被王五见过。李四无法证明自己的清白，被侦探组织怀疑是凶手。

因为剧本杀的创作难度极大，且当下阶段剧本杀没有绝对意义上的可调试公式，只有简略版公式。所以现阶段用人工智能为剧本杀提供灵感可以，如果想用人工智能直接写出剧本杀，难度则极大，且极不现实。在使用人工智能调试或撰写剧本杀时，我有两点要求，如图7-4所示。

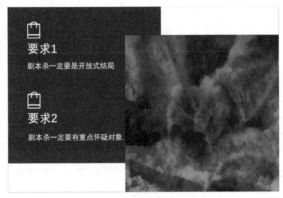

图7-4 关于剧本杀的两点要求

要求一，剧本杀一定要是开放式结局

大家要注意，只要是剧本杀，就必须是开放式结局，绝对不能设计为封闭式结局。就拿本节中的4人剧本来说，最终环节是推凶环节，凶手是谁呢？凶手可以是张三、李四、王五中的任何一位。那与之对应的就会有不同的惩罚措施或奖励措施。

要求二，剧本杀一定要有重点怀疑对象

如果剧本杀中张三、李四、王五、赵六只有一个人有机会接触受害者，那么这本子连玩的意义都没有。读者在读完本子的大概内容后，甚至都不需要讨论，直接就可以确定怀疑对象，然后一局定输赢。为了不出现这种情况，我们一定要打造关联时间线或扰乱信息。这些内容是起误导作用的，但误导也有技巧，不能让读者摸不着头脑，要留有一些线索，同时又必须经过两轮以上的讨论才能得出答案来。

简单来讲，剧本杀不能太难，但也不能太过简单。

7.5 人工智能辅助图文带货变现

图文带货是本章的重中之重，理论上来讲它是最便捷的变现方式之一，且能实现批量变现。为了便于大家理解，我同样假定相关信息。

《结构化写作》这本书的主要内容是10种写作结构，助力作者通过写作来变现。

带货文章相比其他文章，有更多的可实操的模板或公式，在这里我给大家讲解三个公式，如图7-5所示。

图7-5 带货文章三大公式

为了便于大家理解，我们按照以上三个公式分别输入相关指令，要求人工智能输出带货文案。

公式一：问题解决公式

问题：新手希望通过写作变现，但不知该如何去做。

需求：迫切希望拥有一本写作变现类书籍来指导新手实现写作变现。

产品解决方案：《结构化写作》这本书一共提供了10种写作结构，对于新人非常友好，是本工具书，有助于读者快速了解写作变现技巧，提升写作能力。

产品特点：书籍重点囊括10种写作结构，6种自媒体写作行为规范和8种写作常见状况，可以帮助我们10倍速创作爆款内容。

> 🔟 对文心一言"投喂"上述信息并输入：
> 请针对上述信息，帮我写一篇关于《结构化写作》的图文带货文案。

> **✦ 文心一言输出：**
> 《结构化写作》：新手小白的变现秘籍
> 您是否也曾梦想通过一支笔、一张纸，创造出属于自己的财富？写作变现，这看似遥不可及的目标，其实就在您触手可及之处！
> 《结构化写作》正是您需要的那一把金钥匙。这本书，就像一位资深导师，手把手教您如何通过写作实现财富自由。
> 为什么选择《结构化写作》？
> 一、10种写作结构：无论您是写作新手，还是有一定基础的创作者，这10种结构都能让您迅速上手，轻松掌握创作的精髓。
> 二、6种自媒体写作行为规范：让您的创作更符合市场需求，更快获得流量和关注。
> 三、8种写作常见状况：一一为您解答创作中可能遇到的困惑，让您的创作之路更加顺畅。
> 想要10倍速创作出爆款内容吗？《结构化写作》就是您的最佳工具！它不仅是一本工具书，更是一本变现秘籍，让您的创作之旅更加轻松，更加高效！
> 不要再犹豫，不要再等待，拿起《结构化写作》，让我们一起开启写作变现的新篇章！

公式二：故事叙述公式

引人入胜的故事：在读《结构化写作》之前，我的写作能力非常差劲，但是读完这本书之后，我写出了几篇爆款文章。

故事衍生问题：很多人不会写作并不是因为文笔不行，而是不知道如何下笔。

产品解决问题：《结构化写作》这本书可以很好地解决下笔问题，搭配的结构可以帮助新人快速实现写作变现。

产品介绍：书籍重点囊括了10种写作结构，6种自媒体写作行为规范和8种写作常见状况，可以帮助我们10倍速创作爆款内容。

> **⌲ 对文心一言"投喂"上述信息并输入：**
> 请针对上述信息，帮我写一份关于《结构化写作》的图文带货文案。

> **◎ 文心一言输出：**
>
> ### 我与《结构化写作》：从新手到爆款作者的蜕变
>
> 在我涉足写作的世界之前，我曾无数次羡慕那些能够将思想与情感转化为文字的作者。我曾经试图通过阅读大量的书籍和文章来提高自己的写作能力，但是无论我怎么努力，我的文字始终像是一堆零散的砖块，无法拼凑成一座完整的建筑。
>
> 然后，我遇到了《结构化写作》。这本书就像一把钥匙，帮我打开了通往写作世界的大门。在这本书的引导下，我逐渐探索出了属于自己的写作路径，从一名写作新手蜕变为能够创作出几篇爆款文章的作者。
>
> 《结构化写作》并非常规的写作教材书籍，它侧重于实践和案例分析，让我能够真正站在作者的角度去理解和掌握写作技巧。其中，我最喜欢的部分是书中详细列举的10种写作结构。这些结构既有严谨的并列式、总分式，也有相对自由的对比式、因果式、递进式等，让我能够根据不同的写作需求选择适合的结构。
>
> 此外，书中还对6种自媒体写作行为规范进行了深入剖析。这些规范不仅提供了我在进行自媒体写作时的行动指南，也使我更好地理解了如何在网络环境中吸引和留住读者。通过学习这些规范，我逐渐掌握了如何写出吸引人的标题，如何运用文字吸引读者等技巧。
>
> 针对写作中常见的8种状况，书中也提供了实用的解决方案。这些方案既有对常见错误的深入分析，也有对如何避免错误的详细指导。这些解决方案让我在遇到问题时不再感到手足无措，而是能够迅速找到有效的解决办法。
>
> 总之，《结构化写作》这本书给予了我巨大的帮助，让我实现了从新手到爆款作者的蜕变。我相信，这本书一定也能够为更多的写作新手提供指引和帮助，带领他们走向成功的写作之路。

公式三：比较对比公式

竞品介绍：市面上常见的某些写作变现类书籍，只讲逻辑，不讲方法。

产品介绍：《结构化写作》这本书，既讲逻辑也讲方法，还讲实操。

产品优点：书籍重点囊括了10种写作结构，6种自媒体写作行为规范和8种写作常见状况,可以帮助我们10倍速创作爆款内容。

选择理由:现在购买不需要59.9元,只需要39.9元。

> 对文心一言"投喂"上述信息并输入:
> 请针对上述信息,帮我写一份关于《结构化写作》的图文带货文案。

> 文心一言输出:
>
> 《结构化写作》:逻辑、方法与实操,一书掌握!
>
> 您是否也曾为写作变现而烦恼?市面上常见的某本写作变现书籍,只讲逻辑,不讲方法,让您无从下手。但现在,《结构化写作》来了!这本书,既讲逻辑也讲方法,还讲实操,让您的写作变现之路更加顺畅!
>
> 《结构化写作》的三大特点
>
> 10种写作结构:无论您是新手还是有一定基础的创作者,这10种结构都能让您迅速上手,轻松掌握创作的精髓。
>
> 6种自媒体写作行为规范:让您的创作更符合市场需求,更快获得流量和关注。
>
> 8种写作常见状况:——为您解答创作中可能遇到的困惑,让您的创作之路更加顺畅。
>
> 想要10倍速创作出爆款内容吗?《结构化写作》就是您的最佳工具!它不仅是一本工具书,更是一本变现秘籍,让您的创作之旅更加轻松,更加高效!
>
> 现在购买《结构化写作》,不需要59.9元,只需要39.9元!这是一次难得的机会,您不容错过!
>
> 不要再犹豫,不要再等待,拿起《结构化写作》,让我们一起开启写作变现的新篇章!

我们通过上述教程,借助人工智能生成图文带货内容,既可以在速度上领先同行,同时经过内容微调,也可以保证生成内容的质量。在借助人工智能生成图文带货内容时,要优先通过"故事叙述公式"进行图文带货。这套公式生成的内容可读性更强,产生的实际成交量也会更高一些。

IP写作变现篇

21种商业写作方法详解 写作

目前 IP 写作，对于新人可直接上手实操的只有 4 种写作方式（如右图所示），分别是微博商业合作变现、影评文案变现、付费专栏变现和付费咨询变现。早些年，普通内容创造者想要实现 IP 写作变现，难如登天，但现阶段我们可以巧妙地借助人工智能来实现 IP 写作。在本篇章中，将详细讲解如何借助人工智能来实现 IP 写作变现。

IP 写作变现的 4 种方式

第8章
四大 IP 写作变现教程全讲解

> 什么叫 IP 变现？说得通俗些，单纯凭借这个名字你就会信任对方。比如手机买小米、华为的；空调买格力的；冰箱买海尔的；辣椒酱买老干妈的。当我们下意识认为这些事情都是正确的时候，你就已经知道了 IP 的巨大威力。IP 不只针对个人，甚至包括某些产品、某些企业。作为一位作家，虽然短期打造 IP 的难度极大，但仍要怀揣一颗打造 IP 的种子。在写作方面，就算不能成为一名大 IP，也要尽可能争取小 IP，让我们成为自己的代言人。

8.1 微博商业合作变现——现阶段微博变现的底层逻辑

很少有人意识到，其实高度垂直的微博账号在某种程度上可以接广告，这里的广告就是指典型的商业合作。

打开微博，我们会发现微博的调性偏娱乐，几乎是娱乐圈各大艺人主要的活动大舞台，过去如此，现在如此，在未来可能也是如此。虽然抖音、快手等短视频平台成了娱乐圈艺人娱乐的视频平台，但就目前来看，在图文平台中，微博的地位仍无可替代。有娱乐圈艺人就意味着有商业价值，有商业价值就意味着有利可图，所以在微博上有很多账号会接连发布："某艺人做的好人好事""某艺人参与的各种活动""某艺人参与活动时的各种搞笑、整蛊动作表情包"。并不是说发布这些内容就能收到艺人或工作室的稿费，而是在这种商业氛围下，微博发送泛娱乐、影视、综艺、艺人等内容具有先发优势。

但互联网不是法外之地，某些微博内容创作者为了博流量而毫无下限，虚构、伪造某些艺人的黑料，由此收到律师函的事件频发，需要由内容创作者承担法律责任（见图8-1）。此外，还有一些艺人对个人肖像权较为看重，或直接把个人肖像权全权委托到某律师工作室。在创作艺人娱乐热点话题时，一定要看该艺人是否有对内容创作者或"粉丝"发律师函的行为，如果有的话，则建议避开。

> 公告内容显示，法院判决被告 ▓▓ 在其微博账号主页置顶公开向原告 ▓▓▓ 赔礼道歉，持续时间不少于30日，致歉内容须经法院审核。同时，▓▓▓▓▓ 精神损害抚慰金及合理支出共计5.5万元。

图8-1　责任承担示例

对于大多数新手，想在微博平台分一杯羹，较为稳妥的方式是开通广告共享计划的权限（见图8-2），先赚一波广告费用。在创作内容的过程中先积累"粉丝"和创作经验，之后再进行变现。

打开"收益中心"页面，在收益中心下拉列表中点击"广告共享计划"，查看加入的条件。阅读数条件和播放量条件，满足其一即可加入，如图8-3所示。

图8-2　"广告共享计划"图示

图 8-3　广告共享计划开通条件

从开通收益的两种方式不难发现,微博号目前对于视频的流量扶持力度相对较大,但因微博的属性,其在未来一段时间内的发展必然会略偏向于图文板块,这给图文内容创作者带来了部分机遇。

除此之外,我们也可以开通微博赞赏和微博问答功能(见图8-4、图8-5)。

微博赞赏功能,目前处于内测阶段,需满足对应的开通门槛。如果需要开通微博赞赏,且自认为已经达到对应门槛,直接联系微博打赏的工作人员即可。微博问答功能的开通与知乎问答有相似之处,但也略有不同。在微博平台每回答一个问题,被围观一次就能获得0.55元的利润,单价较低。但如果走量,收益也非常可观。

图 8-4　微博赞赏功能

图 8-5　微博问答功能

上面讲解的这几种变现模式是微博的初级变现模式，对于内容创作者来说，也只是用来积累初级"粉丝"和流量的手段之一，想在微博上实现个人利益还是要走软广和商业变现。

8.2　影评文案变现——6 种影评文案变现模式，深度参与 IP 变现

影评文案变现中的影评不只针对电影，它囊括了电影、电视剧、综艺及与娱乐圈相关的全部内容，这样影评文案变现的发展路子会更宽一些。而影评文案变现目前在市场上比较流行，对新手也相对较友好。

影评文案变现总共有 6 种变现模式（见图 8-6），这 6 种变现模式的终极目的是打造影评类 IP 博主。

图 8-6　6 种变现模式

流量变现

某些电影、电视剧爆火时，会有很多图文博主或视频博主积极创作。这部分创作不包含任何商业变现逻辑和商业交付，仅仅因为创作相关内容有市场、有流量且市场认可度较高。按照每万阅读量 30 元计算，一天只要有 10 万爆款播放量，当天收益就会在 300 元以上，月收入轻松破万。除此之外，还有一些比较经典的老电影、电视剧，如老版《西游记》、老

版《三国演义》、老版《亮剑》等，它们知名度极高，市场受众较多，可以进行对应的电影拆解或讲电影背后的故事，以此来博得流量，实现流量变现。

参与影视类商业推广

每部爆火的电影、电视剧背后都有产品宣发。比如，某电影、电视剧在拍摄结束后，会邀请剧组的演员进行线下活动，并通过各大短视频平台进行剪辑然后推送给"粉丝"关注，这属于常规套路。除此之外，图文板块的推广也必不可少，例如某些火爆的电影、电视剧，在刚上映时并没有受到太多的关注，此时主办方或品牌方就会邀请图文内容创作者对该电影、电视剧做简单点评，或利用电影、电视剧中的精彩镜头去编写爆款文章，以引导用户观看。

视频平台会员推广

某些电影、电视剧需要会员才能观看，这就滋生了另一个产业链：市面上几大主流视频网站会发布征文活动，引导内容创作者参与，以此来提高自家网站平台充值会员的数量。各大网站的运营还会策划一系列的复杂变现模式，这里不做过多讲解。

创建付费专栏

某些电影、电视剧维度太深，普通观众走马观花看一遍，觉得学到了东西，其实学到的并不多。对此，内容创作者打造个人IP后，可以尝试把这部分内容放在付费专栏中，通过付费的模式进行产品交付。

图文带货

某些电视剧或电影刚一爆火就会赶制周边产品，还有些电视剧、电影依附于相关书籍，如《雍正王朝》等。我们进行图文讲解，并积累了足量"粉丝"后，就可以走图文带货模式，所带产品就是影视剧周边及相关书籍，以求实现利益最大化。

打造IP参与线下活动

某些电影、电视剧宣发时会邀请影视博主来线下参与，甚至有和演员进行面对面交流的机会。为什么呢？很简单，因为双方合作能实现共赢。

影视方希望扩大宣传，而内容创作者希望借此链接双方或多方实现利益交换。

8.3 付费专栏变现——交付产品的第一步

下面我将以今日头条和百家号为例，介绍什么是专栏。

打开今日头条的"成长指南"（见图8-7），点击"成长指南"的下拉列表中的"创作权益"，即可看到"万粉权益"，第1个权益就是"付费专栏"（见图8-8），点击"付费专栏"即可查看其功能申请与审核条件，如图8-9所示。这里需要注意，审核条件中的第3条："账号无抄袭、严重违规扣分记录"。我的部分学员就遇到过类似问题，账号因为某些特殊原因被扣分，导致付费专栏无法开通。虽然遇到这种情况，找平台申诉开通专栏权益是有一定的概率能成功的，但申诉流程太烦琐，更重要的是，开通的概率并没有想象中那么高，所以对此我提两点建议。

第一，内容创造者的底层逻辑是原创，绝不可以复制抄袭。

第二，为了避免某些特殊情况，尤其是头条首发功能带来的部分不可控因素，强烈建议大家只要"粉丝"超过1万，就把能申请的权益全部申请下来。

图8-7 "成长指南"下拉列表

图8-8 "万粉权益"页面

功能申请与审核条件

粉丝数满一万后,作者可以申请付费专栏,申请后平台需要审核,审核通过方可开通权限。审核一般需要1-3个工作日。审核标准主要有:

- 有头条号且完成身份校验:作者申请付费专栏前,需要注册头条号,且完成身份校验(注册方法请参考百科);
- 财经/健康账号需要满足付费内容资质要求;
- 账号无抄袭、严重违规扣分记录;
- 至少有一个体裁(图文/视频)发文数不少于5篇,且经过人工综合评审账号图文/视频发文优质。

注:详细审核规则可参考头条专栏学院的介绍

图 8-9 功能申请与审核条件

下面我们再来看一下百家号的专栏。打开百家号后台主页,点击"账号权益"下拉列表中的"我的权益"(见图 8-10),然后点击"百粉权益"中的"付费专栏"(见图 8-11)进行申请就可以。

图 8-10 百家号"账号权益"下拉列表专栏

图 8-11 百粉权益

申请百家号的付费专栏要比头条号的付费专栏容易得多,只需要满足"粉丝"数≥100,获得图文或视频原创标签和30天内发文数量≥1即可,如图8-12所示。

图8-12　付费专栏准入门槛

为了便于大家理解专栏如何变现，我们以今日头条的专栏为例，详细讲解专栏的创作流程。在这里先给大家看一下前段时间我创作的某一专栏，如图8-13所示。专栏的初级变现不是最重要的，重要的是通过专栏变现的模式，在实现引流的同时利益最大化。

图8-13　专栏变现示例

想要创建付费专栏，就需要满足四要素，分别是内容选题、内容封面、章节目录和内容创作。

我们首先打开今日头条后台主页，然后点击"进阶创作"，如图8-14所示。要注意，在今日头条后台创作付费专栏的按键比较隐蔽，需要先

图8-14　进阶创作

点击"进阶创作",再点击"付费专栏"。其他地方都无法进入专栏界面。

点击"付费专栏"进入,会发现页面上方一共有4个选项,分别是"我的专栏""专栏数据""营销管理"和"抖音售卖管理",如图8-15所示。

图8-15 专栏图示

首先点击"我的专栏",在该界面中我们既可以管理专栏(见图8-16),也可以进行创建专栏(见图8-17)。我们先点击"我的专栏"中的"创建专栏"按钮,然后需要选择创作类型。如果是原创内容,则直接点击"个人原创";如果是与他人共同创作、委托他人创作,包括但不限于员工创作或获得原作者授权等多种情况,则选择"拥有合法版权"。完成后点击"我已阅读、理解并确认全部内容",再进行专栏创作。

图8-16 专栏管理

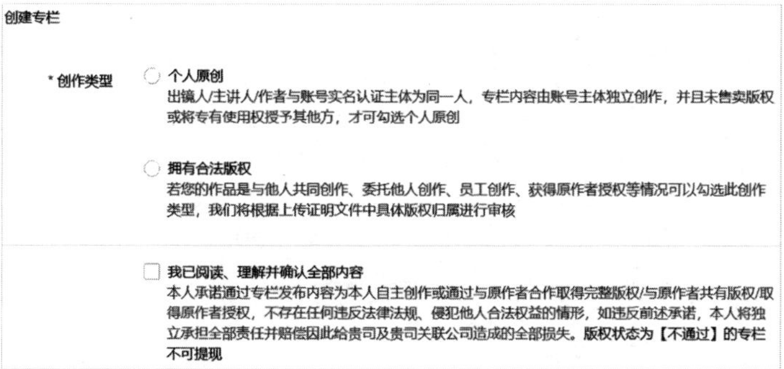

图8-17 创建专栏

要注意的是,一旦选择拥有合法版权,就必须填写对应的版权信息,包括但不限于甲方名称、乙方名称、丙方名称及版权合作的有效期等诸多信息,如图8-18所示。除此之外,还需要填写版权证明。内容虽然相对烦琐,但对于维护自己作品版权来说,优势远大于劣势。

图8-18 版权信息

接下来,我们进行专栏创作需要填写的关键信息如图8-19～图8-28所示。

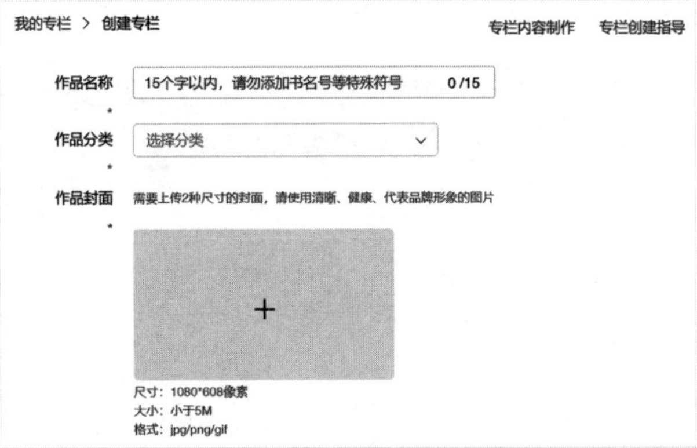

图8-19 步骤(一)

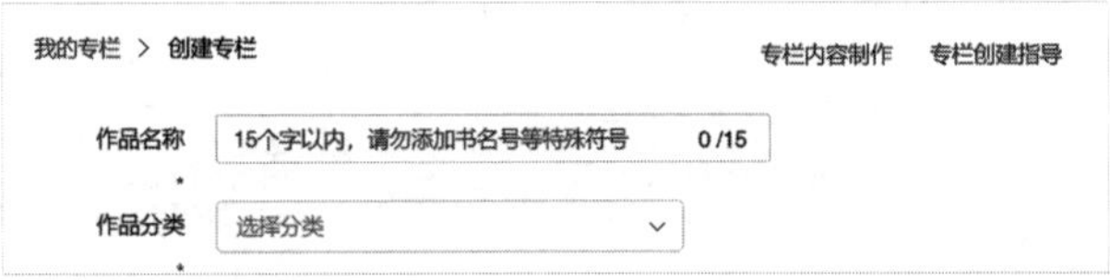

图8-20 步骤(二)

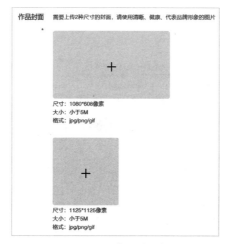

图 8-21 步骤（三）

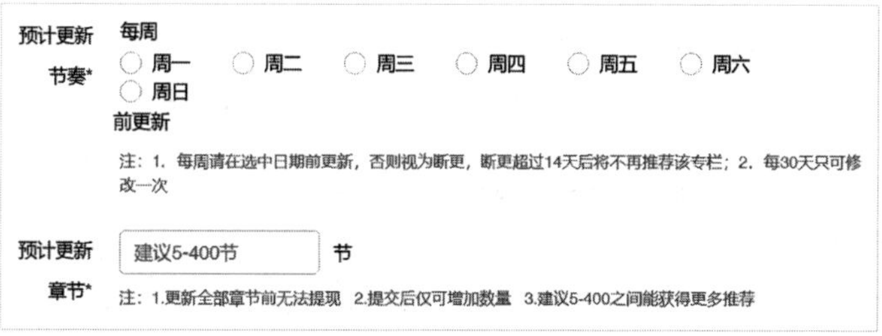

图 8-22 步骤（四）

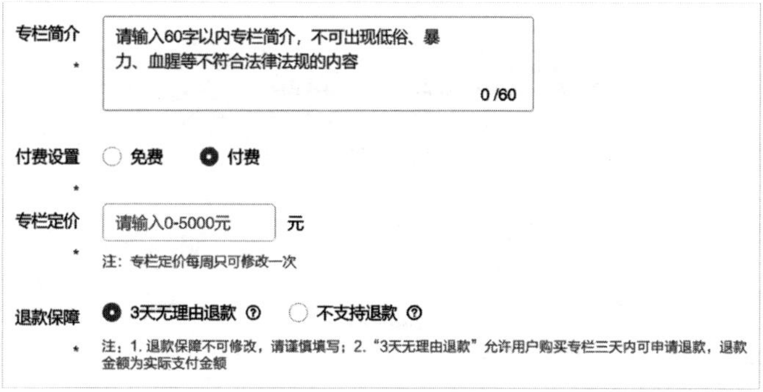

图 8-23 步骤（五）

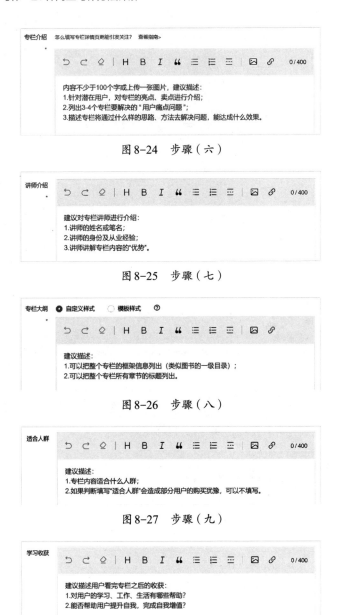

图 8-24 步骤（六）

图 8-25 步骤（七）

图 8-26 步骤（八）

图 8-27 步骤（九）

图 8-28 步骤（十）

下面我仅把所有需要注意的事项，尤其是进行付费创作过程中不可缺少的核心内容（见图8-29）给大家讲解清楚。至于其他内容，直接按照对应流程操作就可以。

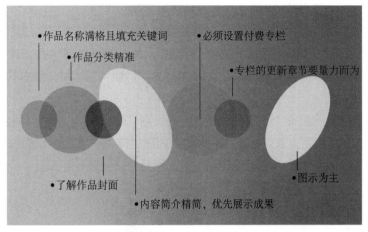

图8-29　付费创作核心内容

其一，创建专栏的作品名称虽然要求在15个字以内，但15个字要尽量满格，且要填充对应关键词。今日头条、百家专栏有个特色，读者在阅读相关内容或检索对应知识时，会检索对应的关键词，如"网文""写作""21种写作变现"等。这些关键词的检索往往会引流到对应的专栏中，所以我们要在作品名称中把关键词全部罗列上。

其二，作品分类一定要准确、精准，否则作品极有可能在不属于我们的领域中被推送。比如，我们创作的是写作变现类内容，归属于教育领域，但是我们将作品分到了娱乐领域，而喜欢娱乐的人很难和写作变现挂钩，这样就会严重影响我们的成交额。

其三，作品封面一共要有两个，分别是1080像素×608像素和1125像素×1125像素，即一个宽屏、一个方屏，理解到这一点就可以了。直接在创客贴或其他做图软件上做图即可，图片的质量在某种程度上也会影响到专栏的营销额。

其四，专栏简介限制在60个字以内，所以我们需要在简介中明确用户在阅读该专栏时能获得什么、学到什么、了解什么。专栏简介必须精简，且以成果优先。

其五，必须设置付费专栏，且定价强烈建议在39.9元以上。若专栏定价太低，那么某种程度上会影响到产品交付。

其六，专栏的更新章节一定要量力而为。千万不要制定无法实现的章节数量，比如，将专栏的章节直接定为1000～10000章，在完成章节前无法提现。我建议将章节定在20章以内。后续可以增加，但绝不能达不到预定指标。

其七，专栏介绍、讲师介绍、专栏大纲、适合人群，以及学习收获建议以图示为主，效果更好一些。准备好这些内容后，直接点击提交即可。

除今日头条、百家号外，知乎号、网易号、企鹅号等部分平台也有相关的专栏，其创建模式及流程相差不大，在此不做过多讲解。

8.4 付费咨询变现——IP变现的核心，让知识变成钱

目前市面上比较有市场的付费咨询变现有两大类，如图8-30所示。

图8-30　付费咨询变现两大类

百家号的知识答主服务可以设定金额，比如，图文进行六轮次两个小时的提问，可以报价99.9元；图文咨询不限提问次数，可以报价199.9元。除此之外，语音咨询、视频咨询等均可报价，如图8-31所示。而知乎的知识咨询一般是图文6轮次提问（见图8-32），按市场趋势分析，一般报价低于69.9元更容易交付。

图 8-31　付费咨询报价　　　图 8-32　知乎咨询图示

以知乎为例，随便查看几个排在榜单上的知识博主，我们会发现，他们的被咨询次数超乎想象，如图 8-33 所示。

图 8-33　咨询次数

按照 1 万次咨询计算，不涉及后续其他费用或其他的引流产品，单纯的付费咨询收益就能够突破 40 万元。大家要注意，但凡愿意花钱进行咨询的用户，后续交付高价值课程或更高价值产品的概率很大。按照中间折损率 50% 计算，付费咨询带来的收益也早已突破百万元，这也是为什么会把付费咨询放在第 8 章最后一节来讲，因为付费咨询是真正意义上能展示IP变现成果的方式。

如何让用户主动找我们进行付费咨询？这就需要我们实现"五做三不要"。

所谓的"五做"如图8-34所示。

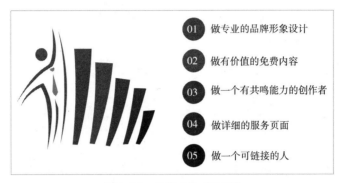

图8-34 付费咨询"五做"

做专业的品牌形象设计

无论是打造个人图文账号、视频账号还是直播账号，抑或是出书、出课程，如果你穿着不着调、走路邋里邋遢、胡子不剪眉毛不修，那么是很难吸引"粉丝"注意，也很难让读者信服的。人靠衣裳马靠鞍，该装扮的时候就得装扮起来，专业的品牌形象设计未必是穿西装打领带，而是符合自己诉求，读者爱看、耐看的形象设计。

做有价值的免费内容

有的人本着"酒香不怕巷子深"的认知，认为自己有通天的手腕和能力，不用过多展示，除了付费还是付费。其实这样是很难做好付费咨询的。因为你没有让用户群体看到任何免费产品的交付效果，用户自然很难相信你。这也是为什么一些大型超市会有免费试吃活动。总之，我们需要先付出，然后谈回报和收获。

做一个有共鸣能力的创作者

一些人只谈逻辑不谈感情，虽然高效，但是少了和用户共情的能力，除非你在这个行业已经做到头部或有非常广的知名度，否则你不和用户谈共鸣，用户就不会和你谈价值。

做详细的服务页面

我们服务的是什么群体、收费标准是什么、收完费后能给予对方怎样的帮助等，这些都必须放在明面上。换句话说，就是要让你的服务对象在看到宣传报告后就能大体了解交钱后能学到怎样的知识、能拥有怎样的成果、能够获得怎样的回报。如果这些做不到位，就很难打造读者信服感。

做一个可链接的人

要用尽手段去填写个人联系方式，比如在知乎平台，创作者可以在职业经历中填写自己的"卫星号"，也就是微信号，如图 8-35 所示。

再如，可以打造同款今日头条号、百家号、知乎号和企鹅号等，即将这些平台的用户名称统一改为自己的 IP 名称。总之，要想

图 8-35　"卫星号"

尽一切办法让用户想要链接到我们的时候，就能找到我们的联系方式，最好能聚焦到我们的微信号或公众号，以此实现二次或三次交付。

所谓的"三不要"如图 8-36 所示。

图 8-36　付费咨询三不要

不要忽视客户反馈

交付某款产品时，一定会有客户反馈。客户反馈好，我们截图发朋友圈或通过其他媒体渠道展示。如果客户反馈不好，就要第一时间调整，

同时要尽最大可能减少差评。因为差评越多，某种程度上带来的损失越大，有时一个差评甚至会毁掉之前的所有努力。

不要过度收费

客户报名时有收费阶梯，这很正常。但仅限于此，如果一而再再而三地索要费用，且每周或每月都有各种各样的收费标准，就很容易败坏口碑，引发客户反感。

不要忽视合规性

提供某些产品时，借鉴他人的模式可行，但要考虑尺度，如果尺度过大，就相当于复制抄袭，需要担很多责任，甚至会被版权方追责。

做好上述几点，打造个人IP，走付费咨询这条路就会更顺畅一些。

第9章
人工智能实现 IP 创作三部曲

> 从第9章开始,我会用两大章来讲解人工智能如何辅助打造IP。这两章所讲可以说是本书中除第4章之外难度最大的,我们需要的不只是人工智能参与到内容创作中,还要参与IP打造。

温馨提示●

IP创作更考验人工智能的逻辑性和由此带给读者的文字阅读体验感,本章我们使用讯飞星火认知大模型来调试。

9.1 人工智能辅助深度垂直创作,打造优质账号

为了便于大家理解人工智能如何辅助深度垂直创作,我先假定创作者信息如下。

我从事于家居装修行业,从2019年开始在各大自媒体平台上通过文字的方式教大家如何搞房屋装修,受市场认可度较高,"粉丝"数量突破40万。在人工智能出现前,我每写一篇文章都需要找寻诸多素材,然后把素材以自己的语言表达出现以保证原创。每篇文章所需要耗费的时间是2~3天,每月更新的文章数量大概是10篇。

现在不一样了,人工智能可以辅助进行深度垂直创作。下面以讯飞星火认知大模型为例,讲解如何借助人工智能打造优质账号。

第1步,反向提问,让人工智能确定输出范围。

> **对讯飞星火认知大模型输入:**
> 我现在新买了一套房屋,房子的总面积是145平方米左右,3室2厅2卫。现在我需要装修房屋,请问在装修房屋的过程中有哪些注意事项?

> **讯飞星火认知大模型输出:**
> 在装修房屋的过程中,以下是五个注意事项。
> 1. 制定预算:首先确定装修的预算,包括装修材料、家具、装饰品等费用,以避免超支。
> 2. 确定装修风格和需求:明确自己对于房屋装修的风格和功能需求,例如,是喜欢简约、现代风格还是喜欢中式风格,需要几个卧室、客厅大小等,以便与装修设计师或施工队沟通。
> 3. 找正规的装修公司或施工队:选择信誉好、经验丰富的装修公司或施工队进行装修,签订合同并明确双方责任,确保施工质量和工期。
> 4. 注重材料选择和质量:选择环保、耐久、质量可靠的装修材料,如地板、瓷砖、涂料等,避免因使用劣质产品对健康和环境造成影响。
> 5. 合理规划空间布局:根据家庭成员的需求和实际空间条件,合理规划各个房间的功能分区和布局,保证居住的舒适度和实用性。

第2步,反向汇总,让人工智能帮我们梳理问题。

> **对讯飞星火认知大模型提问:**
> 现在有一位装修行业的专家,聘用他来为我的房屋进行装修。请结合你刚才提到的房屋装修注意事项,我应该提问哪些问题更具备针对性,能够让我的房屋装修进度更快,质量更好?

> **讯飞星火认知大模型回答:**
> 1. 请问您有哪些成功的装修案例可以分享吗?
> 2. 您的装修流程一般是怎样的?能否详细介绍一下?

3. 您如何确保装修进度与预期相符？有没有应对延误的预案？
4. 您的团队有多少人？他们在装修领域有多少经验？
5. 您的装修团队是否包含专业的设计师？能否提供设计服务？
6. 您在选材方面有什么标准或建议吗？如何保证材料的质量和耐久性？
7. 您的报价包括哪些项目？是否可以根据我的需求进行定制化的报价？
8. 您如何控制装修成本并确保质量？有没有节省成本的方法推荐？
9. 您在施工过程中如何保证安全性和卫生？是否有相应的措施来减少噪声和污染？
10. 施工完成后，您是否会提供售后服务和保修？如果出现问题，如何解决？

第3步，让人工智能帮我们敲定选题。

> **对讯飞星火认知大模型提问：**
>
> 请针对上述问题帮我确定5～10个房屋装修方面的选题，且要保证该选题是刚买房屋且迫切需要装修的家庭所需要的。

> **讯飞星火认知大模型输出：**
>
> 1."如何在有限的预算内进行房屋装修"：针对购买房屋后预算有限但又希望进行装修的家庭，提供在预算控制方面的建议和策略。
>
> 2."如何选择适合自己家庭风格和需求的装修设计师"：帮助家庭了解如何与装修设计师合作，以确定家庭风格和需求，从而选择合适的设计师。
>
> 3."如何有效管理装修进度以确保按时完成"：针对急需装修的家庭，提供如何监督和管理施工进度的建议，以确保装修工作能按时完成。
>
> 4."如何选择合适的装修材料和家具，同时保证质量和健康安全"：介绍如何选购环保、耐用的装修材料和家具，以及如何避免潜在的健康和安全隐患。
>
> 5."如何处理装修过程中的问题和纠纷，并保护自己的权益"：针对在装修过程中可能遇到的问题和纠纷，提供解决方法和建议，帮助家庭保护自己的权益。

第4步，假定选题进行批量创作。

> **对讯飞星火认知大模型输入：**
> 假定选题一、选题二符合内容创作风格，请针对上述2个选题确定内容大纲。

> **讯飞星火认知大模型输出：**
> 选题一：如何在有限的预算内进行房屋装修
> 内容大纲：
> 1. 引言：介绍购买房屋后进行装修的重要性和常见的装修费用范围。
> 2. 制定合理的预算：建议家庭在开始装修前制定详细的预算，包括主要项目和细节方面的开支，以避免超支。
> 3. 优先级和取舍：解释如何确定装修项目的优先级，并学会在不同项目之间做出取舍，以确保预算的合理分配。
> 4. 比价和谈判技巧：提供比较不同装修公司报价的方法，以及如何与装修商谈判以获得更好的价格和服务。
> 5. 合理利用资源：介绍如何利用已有的资源，如二手家具、自家改造等，以减少装修费用。
> 6. 控制额外费用：提供控制额外费用的建议，如避免频繁更改设计方案、自行处理一些小修补工作等。
> 7. 结论：总结如何在有限的预算内进行房屋装修的关键要点，并提供相关资源和工具供读者参考。
>
> 选题二：如何选择适合自己家庭风格和需求的装修设计师
> 内容大纲：
> 1. 引言：解释选择适合的装修设计师的重要性，并概述本文将提供的指导原则。
> 2. 自我评估家庭风格和需求：鼓励读者通过考虑家庭成员的喜好、生活方式和功能需求来了解自己的家庭风格和需求。
> 3. 研究设计师背景和作品：建议读者调查和筛选具有相关专业经验和良好口碑的装修设计师，并查看他们过去的室内设计项目作为参考。
> 4. 沟通和合作：强调与装修设计师之间的沟通和合作关系的重要性，包

括明确表达自己的需求、参与设计过程以及及时反馈意见等。

5. 设计理念和方案讨论：介绍如何与装修设计师讨论设计理念，并提出问题、分享想法以获得符合个人需求的设计方案。

6. 施工管理和监督：说明如何与装修设计师一起管理施工过程，并确保设计方案的准确实施。

7. 结论：总结选择适合自己家庭风格和需求的装修设计师的关键要点，并提供相关资源和工具供读者参考。

> **对讯飞星火认知大模型继续输入：**
> 请针对选题一写一个故事，并保证故事的可读性和趣味性，然后做内容总结。

> **讯飞星火认知大模型输出：**
> 故事：《巧妙的装修之旅》
> 从前，有一个叫小明的年轻人买了一套新房子，他迫不及待地想要对它进行装修。然而，由于缺乏装修经验，他感到有些不知所措。于是，他决定寻求专业的帮助，聘请一位装修师傅来指导他的装修工作。
> 在装修开始之前，小明花了很多时间研究装修知识。他看了很多杂志和网站，询问了很多朋友的建议。通过这些努力，他学到了很多有关预算控制、材料选择和施工管理的知识。
> 装修师傅来了之后，小明与师傅一起制订了详细的装修计划。他们根据小明的预算和喜好，共同决定采用简约现代风格，并注重空间利用和实用性。
> 然而，在装修过程中，还是出现了一些问题。有一次，由于材料供货延迟，导致装修进度延误。小明很着急，但他并没有失去耐心。他积极与装修师傅沟通，寻找解决方案，并且提醒师傅要时刻关注施工质量和安全问题。
> 经过一番努力，小明和装修师傅终于解决了所有问题，并在预算范围内完成了装修工程。新房焕然一新，充满了小明期望的现代风格和个性。
> 内容总结：这个故事向读者传达了在房屋装修过程中，合理预算、良好的沟通和合作是成功的关键。同时，也强调了学习装修知识的重要性，以便更好地把握装修的方向和自己的需求。通过这个故事，读者可以获得一些建

议和灵感，使他们的装修之旅更加顺利和满意。

以上就是借助人工智能输出垂直优质内容的整套流程，可以定义为"反向提问法"。即我们是某一个行业的从业人员，希望在该行业输出优质内容，从而吸引"粉丝"关注，提高"粉丝"黏性，打造个人IP。这种情况下，就需要先从客户的角度搭建场景，分析如果客户遇到这些问题，他最迫切需要的是哪些解决方案。然后从客户迫切需要解决的问题中，挑选出1~2个当作内容选题，撰写文章。

在写文章的过程中，可以进行二次调试、三次调试，调试技巧和之前章节中介绍的相似。这些操作流程完成后，优质文章也就成型了。更重要的是，这种优质文章有章可循，按照刚才的流程，可适用于每一个领域、每一个行业。在保证输出内容的知识准确度前提下，可以进行批量复制、批量生成，对于打造IP能起到极大帮助。

9.2 "叫好又叫座"的十要素，打造高粉账号

本节我们讲解一种极其特殊的写作模式——"叫好又叫座"。这种写作模式是2020年今日头条提出的写作方向，也是今日头条从2020年摒弃青云计划之后，大力度推广扶持的写作模式，如图9-1所示。

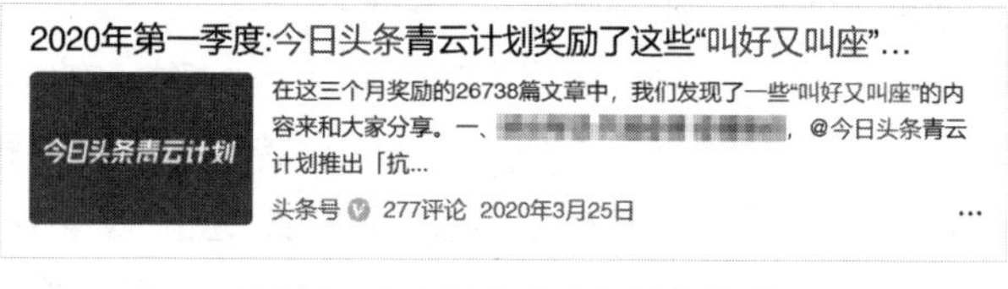

图9-1 "叫好又叫座"写作模式

"叫好又叫座"写作模式适用于任何一个账号发布的任何一篇文章，那么如何能写出"叫好又叫座"的文章呢？在这里讲一个公式，公式中的每一项都达标后，就可以轻松写出优质文章。

内容选题+扩大目标受众+三段式标题+横版趣味性封面+清晰的写作结构+第一人称故事体开头+内容有价值、有增量+权威数据有引用来

源+图文并茂+创造互动机会

上述公式中，有5项较难理解，涉及新媒体写作的特殊技巧，我们需要单独讲解，分别是：内容选题、扩大目标受众、三段式标题、横版趣味性封面和清晰写作结构。其中需要用到人工智能辅助创作的，我们用讯飞星火认知大模型单独标记。

内容选题

内容选题共8类可选，分别是新闻报道的非敏感热点事件创作，具有一定特色的人物专题访问创作，与教育、育儿相关的泛知识内容创作，具有可评论或可发表观点的非热点内容创作，与科学技术发展相关的话题创作，与健康、生活、养生相关的医疗、卫生、健康等专家话题创作，涉及古代史、近代史、近现代史和现代史的历史人物或历史传记创作，与娱乐圈艺人、娱乐或社会问题相关的综艺、影视、娱乐事件创作等。

扩大目标受众

假如我想写以"上三年级的儿子学习成绩差"为选题的文章，那么以《××乡镇小学三年级倒数第二排左侧靠窗小伙子学习成绩差》为文章题目好，还是以《中小学孩子学习成绩不好，父母不要急，三招巧妙提升成绩》为文章题目更好一些呢？很明显后者会更好一些。扩大目标受众，通俗来讲就是扩大覆盖面，两者可以画等号。

三段式标题

这一要素要求我们必须把文章题目至少分为三部分，不能是一句话说到头，连个逗号都没有。

我们以上方选题为例，展示两种不同的题目，如图9-2所示。

图9-2 布局不同的两种题目

这两个题目孰优孰劣，一眼就能看明白。三段式文章标题并不是我独创的。在很早之前，一点号官方平台就明确指出文章题目的三段式更有利于读者阅读，有助于文章的推广、涨粉及提高收益，如图9-3所示。

图9-3　三段式标题的优势

从2019年开始教学我就提出过这一理念：好的文章题目+好的封面，就有50%的概率让文章成为爆款。

横版趣味性封面

因文章封面目前大都在网上截取，很少有人自己拍摄，即便有人拍摄，质量也远不如在互联网上截取的质量好，所以对于封面，我只提三点要求：首图封面不能模糊；文字内容不能过多；不能是风景图。

只要保证封面具备趣味性、可读性，且不涉及暴力血腥等内容，就有很大概率通过封面来提高文章的整体阅读量。

> **温馨提示**
>
> 在网络截取封面可能存在的侵权问题，对于自媒体内容创作者来说无解，除非我们在各大自媒体平台找官方授权的图片，但这些图片很难用于创作实时热点内容，所以几乎每一个内容创作者仍会选择在互联网上截取图片。一旦有品牌方或图片的拍摄者投诉我们，第一时间把对应的文章下架并删除即可。在过去9年的文章创作过程当中，我的所有账号只有一次经历了图片创作者的投诉，而投诉之后的惩罚也只是下架文章。

目前对于新媒体文章配图这件事，普遍受关注度不高，但全民的版权意识越来越高，所以不排除在之后几年时间里出现付费使用图片的情况，比如，平台按照我们文章的收益收取一定比例（如1%～3%）的费用，用于支付图片拍摄者版权。但就目前来看，谈这一点还为时尚早。

清晰的写作结构

写作结构一共分为三种，如图9-4所示。

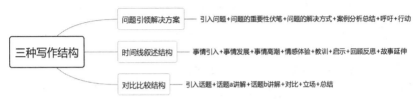

图9-4　三种写作结构

我们以第一种结构一为例，补充关键信息如下。

引入问题：新手希望通过写作变现，却不知道具体的解决方案。

问题的重要性伏笔：师傅领进门，修行在个人，找一个好师傅是关键。

问题的解决方式：刘丙润老师在写作领域里面有多年从业经验，是老牌作家。

案例分析总结：刘丙润老师讲解了10种写作结构，对新手写作非常有帮助。

呼吁：希望学习写作变现的小伙伴，可以跟着这位老师试一试。

行动：点击下方链接，购买《结构化写作》书籍，可以深度链接。

> 对讯飞星火认知大模型输入：
> 　　根据上述信息帮我写一篇"叫好又叫座"的优质文章，且开篇通过故事的方式引导读者阅读。

> 讯飞星火认知大模型输出：
> 　　标题：《新手写作变现的必修课：跟随刘丙润老师学习10种写作结构》
> 　　你是否曾经梦想通过写作来实现财务自由？你是否曾经在键盘前犹豫，不知道如何开始你的写作之旅？你是否曾经对那些优秀的作品感到羡慕，但又不知道如何去模仿？如果你的答案是肯定的，那么，你来对了地方。
> 　　让我来告诉你一个故事。这是一个关于一位名叫小明的新手作家的故事。小明是一个充满激情和才华的年轻人，他热爱写作，希望能够通过写作来实

现自己的梦想。然而，他发现自己在写作的道路上迷失了方向，不知道如何将自己的思想转化为文字，更不知道如何将自己的作品推广出去。

小明的问题并不是个例。许多新手都在寻找一种方法，可以让他们将自己的想法和创作转化为实实在在的收益。他们渴望找到一位好的师傅，能够带领他们走出迷茫，找到属于自己的写作之路。

这就是我们今天要介绍的人——刘丙润老师。刘丙润老师在写作领域有着多年的经验，他的作品深受读者喜爱，他的写作技巧也被许多人认可。更重要的是，他对新手的指导非常有耐心，他的教学方法既实用又易懂。

刘丙润老师提出了10种写作结构，这些结构对于新手来说是非常有帮助的。它们可以帮助新手建立起自己的写作框架，让他们在写作的过程中更有目标和方向。这些结构包括：开头、主体、结尾、转折、冲突、悬念、高潮、结局等。每一种结构都有其独特的作用，掌握它们，你就可以写出吸引人的作品。

如果你也想学习写作，实现自己的梦想，那么我建议你购买《结构化写作》这本书。这本书详细介绍了这10种写作结构，并通过实例进行解析，让你更好地理解和掌握它们。同时，书中还包含了许多实用的写作技巧和方法，可以帮助你在写作的道路上更加顺利。

记住，师傅领进门，修行在个人。有了刘丙润老师的指导，你已经迈出了成功的第一步。现在，就让我们一起开始这个旅程吧！点击下方链接，购买《结构化写作》书籍，深度链接你的写作梦想。

温馨提示 ●

第一人称内容创作原则上更具备可信度，因为是内容创作者的亲身经历，如果条件允许，尽可能使用第一人称。但并不是每一个爆款文章都符合第一人称要素，比如有些事件自己没有亲身经历过，还有一些事件是自己为了创作该类内容虚构出来的，此时就可以使用第三人称。对于第一人称故事体，我们秉持着能用则用的观点。

用人工智能通过套用公式生成文章时，既要保证内容有价值、有增量，同时还要保证数据是权威的，最好有引用来源。写某些专业数据、专业指标时一定要查清楚，这些内容万万错不得。此外，对于图片，建议大家在浏览器上直接检索优质且与内容相贴近的图片。关于创造互动机会，则需要用人工智能一建调试。

🔟 对讯飞星火认知大模型输入：

请帮我生成几句引导读者互动的专业话术，最好能够引导读者点赞、收藏、转发我的这篇文章。

💡 讯飞星火认知大模型输出：

1. 非常感谢您的阅读。如果您觉得这篇文章对您有帮助，不妨点个赞，让更多人看到。

2. 希望这篇文章能够给您带来启发和思考，如果您喜欢，请收藏并分享给朋友。

3. 感谢您的转发，让更多人了解我们的品牌和观点，我们将更加努力创作更好的内容。

4. 如果您有任何意见或建议，欢迎在评论区留言，我们会认真回复并改进。

5. 点赞、收藏、转发都是对我们的支持和肯定，感谢您对我们的信任与关注。

> **温馨提示●**
>
> "叫好又叫座"的文章，在生成过程中需要多次调试。按照上述行为准则进行调试时，也可能会出现部分容易令人误解或引发歧义的话术，将这些话术直接删除即可。"叫好又叫座"，某种程度上需要我们对文章的专业性背书，如果无法对专业性背书，就很难让读者产生信服感。

9.3 人工智能辅助创作干货资料，拉私域打付费模式

本节我将给大家讲解如何运用人工智能辅助创作干货资料，操作非常简单，只需要输入指令即可。创作的这部分干货资料，主要用于私域社群的盘活及为付费模式铺垫。

🎙 **我们对讯飞星火认知大模型输入：**

假定你现在是一位阅历丰富的70岁老者，被学校邀请参加大型座谈会。座谈会期间，一些学生希望你作为过来人给年轻人提10～20条建议，你会给年轻人说些什么呢？

💧 **讯飞星火认知大模型回答：**

1. 永远保持好奇心，不断学习新知识。
2. 勇敢追求梦想，不要害怕失败。
3. 学会沟通与倾听，尊重他人的观点。
4. 培养良好的人际关系，结交志同道合的朋友。
5. 注重身体健康，保持良好的生活习惯。
6. 学会理财，合理规划自己的财务。
7. 培养独立思考的能力，不要盲目跟从他人。
8. 保持积极的心态，面对困难要勇敢应对。
9. 珍惜时间，合理安排自己的学习和生活。
10. 学会感恩，对家人、朋友和老师给予的关爱表示感激。

用公式总结，即

假定场景+假定需求+输出关键词

🎙 **我们可以按照这套公式继续调试，对人工智能输入：**

假如你是一位在家居装修行业从业20年的老师傅，你的雇主作为年轻人，希望你讲一下家居装修行业10个不起眼但很重要的注意事项。

具体的输出内容就不做过多讲解了，大家有意向的可以自己调试一下。其实本章的所有调试都是我们在假定任意身份，然后要求人工智能进行情景代入，再要求人工智能输出我们需要的知识点。

这些知识点重要的作用就是盘活私域社群。之前我们曾做过一个测试，一个社群如果不主动运营，15～30天就变成"死"群，既没人聊天也没人互动，这样是很难产生直接效益的。

那么如何盘活社群呢？做好这3点即可，如图9-5所示。

图 9-5　盘活社群的三种方法

但是很明显，第1种方法对于社群中的成员要求太高，需要保证社群内有1～2个活跃分子，然后由这些人来进行社群盘活。第2种方法对于社群的运营和搭建者来说，耗费的精力太大，我们不可能每天花费大量的时间去运营社群，尤其还是免费社群。因此，只有第3种方法可行，让群内成员觉得在社群当中有意义、有价值，这里的意义和价值就需要我们用干货知识来打造，而借助人工智能，则可以减轻我们的工作量。

第 10 章
人工智能辅助四大 IP 变现的流程

在本章节,我们将借助人工智能,用公式的方式实现微博泛商业创作、泛影评文案创作、付费专栏创作和付费咨询创作。借助人工智能实现内容创作的最大优势在于,帮助我们节省时间精力的同时,能尽最大可能提高创作效率。当下阶段的 IP 内容创作,既需要我们保证质量,又需要提升创作内容的速度。也正因如此,人工智能辅助图文内容创作成为了 IP 作家的必选项。

> **温馨提示**
>
> 为保证内容连贯性,本章调试我们统一使用的人工智能为文心一言。

10.1 人工智能辅助微博泛商业合作变现——三个公式,一键垂直输出

微博账号目前的商业属性仍然集中在娱乐、影视、综艺等相关领域,准确地说,目前国内的部分新媒体平台都是围绕着娱乐、影视、综艺这三大领域,比如大鱼号、企鹅号等新媒体平台。微博因为其特性,在内容创作上更类似于微头条的创作模式,写短文章能带来的关注流量会多

一些。如果更新长篇大论的科普类内容，可读性差、读者群体少也是一个既定事实。所以在进行微博商业创作时，有几个硬性条件必须遵守。

最新改版后的微博已允许发布超过140字的短文，那发布的上限字数是多少呢？我给大家截图展示一下，如图10-1和图10-2所示。

图10-1 微博发布字数（一）

图10-2 微博发布字数（二）

现在的微博字数可以达到5000字，那是否可以得出结论：在微博上发布内容字数越多越好，最好是4000～4500字？并不是，微博的属性和头条号、百家号的属性不一样，即便是在今日头条、百家号创作文章，现阶段一篇文章的字数在2000字左右就已经非常高了，再多就可能出现效益比低等问题。

那如果在微博上进行内容创作，需要写多少字呢？答案是150～750字。字数如果过多，则不符合微博调性；但如果字数太少，故事的起承转折则很难引起读者的兴趣。微博的140字最开始对标的是娱乐圈，内容字数越少事越多，再搭配上形形色色的图片，能吸引到一大波"吃瓜观众"的围观。但是当普通人开始进行微博内容创作时，就必须以干货爆料等内容为主，要让读者产生关注的意愿。

接下来我们假定微博泛商业合作变现以影视、娱乐综艺为主，且为了避免侵犯版权、肖像权、名誉权等，我们假定该演员为演员A，拍摄的电影为电影B。

现在甲方平台希望我们为电影B中的演员A做宣传，最好能带动电影B的市场销量。给大家提供三个公式，如图10-3所示。

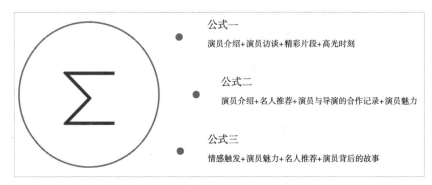

图10-3 带动市场营销的三个公式

我们将上述三个公式进行数据填充，然后交由文心一言一键输出。

公式一填充如下。

演员介绍：演员A是河北衡水人，生于1996年，一位优秀、自律且极具才华的小伙子。

演员访谈：在拍摄电影B时，遇到了很多突发状况，演员A力排众议，克服层层困难，终于完成了拍摄。

精彩片段：演员A在电影中有几个武打镜头，动作流畅，镜头感十足。

高光时刻：拍摄过程中获得了剧组人员的认可。

> 对文心一言输入：
> "投喂"上述数据，并帮我生成一篇微博软广商业合作文。

> 文心一言输出：
> 在中国的电影圈，有一位耀眼的演员，他就是来自河北衡水的年轻小伙——演员A。这位才华横溢且自律的小伙子，一直以来都以他的专业素养和不懈努力赢得了观众的喜爱。最近，他在拍摄电影B时，更是以实际行动诠释了什么叫作"克服万难，成就精彩"。
> 在电影B的拍摄过程中，剧组遇到了许多突发状况，然而演员A并没有

因此而放弃。他坚定地力排众议，以他的智慧和毅力，成功地克服了层层困难，最终完成了拍摄。他的坚持和努力，为整个剧组树立了榜样，也深深地感染了我们每一个人。

而在电影的其中一处，演员A动作流畅无比，镜头感十足。他充分利用了每一个细节，将他的演技发挥得淋漓尽致。他的专业精神和职业素养，赢得了剧组人员的认可和尊敬。

我们很荣幸能与这样一位才华横溢的演员合作。在未来的日子里，我们期待着更多精彩的作品能够呈现给大家。同时，我们也要感谢演员A在电影拍摄过程中的付出与努力，以及他对每一个镜头的严谨与敬业。

#演员A# #电影B# #镜头感十足# #自律# #才华横溢# #中国电影# #河北衡水# #大镜头# #专业素养# #不懈努力# #突发状况# #榜样# #细节# #认可和尊敬# #期待# #严谨与敬业#

● 关键信息一，进行内容创作时，要保证相关信息的准确性，因为微博属于泛娱乐、泛商业性质，微博中人物的名字、电影情节等都影响到后期的电影宣发工作，一旦出现问题或数据有误，就有一定概率被相关的剧组或相关演员工作室追责。

● 关键信息二，无论是演员工作室还是剧组，抑或是电影宣发方，都需要我们进行某些内容的持续创作和持续输出，以此吸引用户围观。但这种持续创作要有软广特性，而不是硬广特性。我们不能强制读者看某电影、了解某演员，而是要通过讲故事、经历、过程的方式，让大家主动了解这部电影或这个演员背后的故事。

● 关键信息三，微博的娱乐属性太重，主要原因在于演员和歌手在微博齐聚一堂，微博也因此成了另一个版本的朋友圈，只不过这个朋友圈是对全国各地网友公开的，所以我们在微博上冲浪时很容易吃到各种各样的"瓜"。对于这些"瓜"，我们简单了解一下就可以。某些未经证实的"瓜"，千万不要急着去跟热点，否则一旦后期被证实为谣言，我们需要承担的代价是蛮大的。

10.2 人工智能辅助泛影评文案变现——六套模板，打造立体影评人设

微博和影评文案有相似之处，微博做软广商业推广时，很大概率会触碰到影评文案这一块。但因为微博的商业属性极其特殊，文章的字数往往达不到1000字，在某些平台连评定优质文章的资格都没有，所以需要单独拿出一节讲解泛影评文案变现的模式。

泛影评文案的具体变现路径，前文已经给大家讲解了，本节将给大家重点讲解如何创作泛影评文案。这里给大家讲解6套通用模板，如图10-4所示。

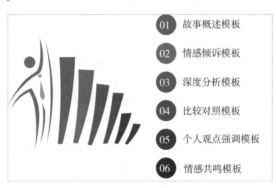

图 10-4 泛影评文案的6大模板

故事概述模板

引言+情节概要+角色分析+评价

引言：一句话介绍电影的题材、导演、主要演员，以及电影当中的某一个关键剧情。

情节概要：详细讲解电影的关键剧情，可以全面讲解，也可以只针对其中一个点来讲解。

角色分析：对电影中的某些人物进行定性分析，分析其性格及演技。

评价：分享你对电影整体质量的评价，可以使用的词汇如"精彩""感人""令人回味"等。

情感倾诉模板

引言+观影感受+角色评价+最终评价

引言：描述你观影时的情感状态或期望。

观影感受：分享在观看电影过程中的主观感受，或开心或激动，或沉闷或苦难。

角色评价：表达对主要角色的情感共鸣或认同，这里的主要角色包括但不限于正面角色和反面角色。

最终评价：总结你对电影的喜好程度，以及是否建议观众观看。

深度分析模板

引言+角色分析+导演手法+主题和象征+结论

引言：简要介绍电影的背景和主题。

角色分析：探讨重要角色一般不超过5个、不低于3个的性格动机和发展。

导演手法：通过专业角度来分析导演的技巧，包括镜头、音乐、情节搭建等。

主题和象征：解释电影中可能存在的主题和象征。

结论：总结电影的深层意义和影响。

比较对照模板

引言+对比+优点和缺点+结论

引言：介绍电影及电影致敬或借鉴其他电影的相似之处。

对比：对比这部电影与其他类似电影间的差异之处和出彩之处。

优点和缺点：详细讲解电影存在的优点及缺点。要注意，对缺点的介绍一定要慎之又慎，不要太过激进。

结论：总结这部电影为什么在特定方面更加出彩或独特。

个人观点强调模板

引言+强调个人观点+个人评价

引言：表达你对电影的热情或期望。

强调个人观点：突出打造电影某一环节给你带来的直接触动。

个人评价：根据强调的方面，给出你的个人评价，以及是否建议观众观看。

该模板的最大特点在于，完全通过个人的主观意识来判断电影的好与坏，个人的主观意识究竟是好是坏，以及是否具备一定的观影指南，则不得而知。

情感共鸣模板

引言+情感共鸣点+角色魅力+总结

引言：分享电影中让你产生情感共鸣的场景或角色。

情感共鸣点：详细描述你为何与电影中的情节或角色建立了联系。

角色魅力：分析电影中的角色，说明他们的魅力何在。

总结：总结你的情感共鸣体验，以及电影如何触动你的内心。

下面我们以故事概述模板为例进行讲解。为了避免侵犯版权问题，我们以假定的电影A为例，需要重点讲到的是主角b、黄金配角c及反派角色d。

补充关键信息如下。

引言：电影A是由导演x指导的，主要演员包括主角b、黄金配角c及反派角色d，是一部常见的警匪电影。

情节概要：反派角色d因原生家庭不好，小时候受到父母双方虐待，导致心理畸形。长大后在因缘巧合之下，接触到了社会黑暗分子，并通过一系列残忍手段报复社会。主角b和黄金配角c历经艰难险阻，终于将反派角色d绳之以法。

角色分析：主角b在遇到危险时，临危不惧，冷静指挥，黄金配角c头脑灵活，在办案时发现诸多猫腻并擅长逻辑推理，最终找到了反派角色d的藏身之处，并将反派角色d绳之以法。

评价：这部电影融合了悬疑、动作和情感元素，令人回味无穷。

> 🔟 对文心一言"投喂"上述信息并输入：
> 请根据上述信息，帮我写一篇影评文案，要求引起读者共鸣且具备可读性。

🤖 **文心一言输出：**

电影A是一部紧张刺激的警匪电影，由导演x精心指导，主角b、黄金配角c及反派角色d等人联袂主演。这部电影不仅让观众在视觉上得到了享受，同时也引发了观众对于人性、家庭和社会黑暗面的深思。

电影从一开始就向观众展示了反派角色d的悲惨经历。由于小时候受到父母的虐待，d的心理逐渐变得扭曲，对整个社会充满了怨恨和报复心理。在成长过程中，d接触到了社会的黑暗面，通过残忍的手段开始对无辜的人民进行报复。他的行为引发了社会的恐慌，也使得观众对他产生了强烈的反感。

然而，主角b和黄金配角c的出现，让电影的局势开始发生改变。b是一位勇敢无畏、临危不惧的警察，他在面对d制造的危机时，表现出了冷静和果敢的一面。而c则是一位头脑灵活、善于逻辑推理的侦探，他在案件的调查中发现了许多猫腻，并最终找到了d的藏身之处。

电影的高潮部分无疑是b和c追捕d的惊心动魄的场面。他们通过各种手段，追踪到了d的藏身之处，最终将d绳之以法。观众在看到他们成功捉拿d时，无不感到一阵畅快。

此外，电影还通过b和c与d的对话，深入探讨了人性的复杂性。b和c在面对d的挑战时，展现出了坚定的信念和高尚的品质。而d则因为自己的扭曲心理，走向了罪恶的深渊。电影通过这些角色的塑造，让观众深刻认识到了人性的善恶与复杂。

电影A还融合了许多其他元素，如悬疑、动作和情感等。这些元素使得电影更加丰富多元，让观众在享受视觉盛宴的同时，也能感受到电影所传达的情感与内涵。

总之，电影A是一部值得一看再看的警匪电影。它通过精彩的故事情节、生动的角色塑造及紧张刺激的场面，引发了观众的共鸣和思考。它让我们认识到家庭对于个人成长的重要性，以及社会黑暗面的现实存在。这部电影值

> 得每一个喜欢挑战自己感官和思想的观众去欣赏。

在进行该轮次测试之后，我又用当下爆火的电影做了新一轮次的测试。通过真实的电影及我对电影的部分观点，测试出来的数据也非常可观，基本等同于当下阶段内容创作者写的影评文章。但因为涉及版权，我不给大家展示了，感兴趣的小伙伴可以自行测试。

在测试的过程中我们将发现：ChatGPT跟文心一言略优于讯飞星火认知大模型及国内的其他模型。所以在这里我们不妨大胆预测：对于影评文案类内容，如果条件允许，应尽最大可能用文心一言或ChatGPT进行内容调试。

因为篇幅有限，无法将其他5种模型逐一测试，所以留给大家当作课后任务，可以用人工智能调试某部电影、电视剧，然后补入关键信息，要求人工智能在接受"投喂"的数据后，按指令输出对应的影评文案。

10.3 人工智能辅助付费专栏变现——5步信息检索法，3步高效创作法

人工智能可以辅助生成付费专栏，但并不适合一键生成内容。因为付费专栏的重点在于"心"，而这个"心"的重点又在于人。

为了便于大家理解，本节我们以餐饮业为例进行讲解。

河北有一位中年大叔，蒸包子15年有余，做的包子在百里内没有任何竞争对手。这位大叔最近也在自媒体行业里面深耕，尝试通过自己的优势打造付费专栏："普通人如何把包子蒸好"。

我们假定上述信息，尝试制作付费专栏。

对此我们首先要确定5步信息检索法究竟检索的是哪些信息，如图10-5所示。

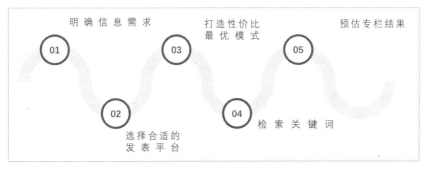

图 10-5　5 步信息检索法检测的信息

第 1 步，明确信息需求

本例中，最主要的需求是把蒸包子的手艺传递出去，让用户在购买付费专栏后学习并掌握蒸包子的方式。这样既能打造好的口碑，也能通过传递知识的方式获得足额的收益。

第 2 步，选择合适的发表平台

发表对应付费专栏的平台，有今日头条、百家号、网易号、企鹅号、知乎号和公众号，但较为适合知识付费专栏的，则是今日头条和百家号两大平台。

第 3 步，打造性价比最优模式

只要涉及知识付费，就必须考虑：自己的产品与其他产品相比如何？同价位的情况下能否给读者带来更多的知识增量？

所有的知识付费产品，讲究的就是性价比。性价比是单纯对读者而言的，读者必须确保自己花的钱能获得足额的知识储备。这就需要创作者做好两手准备工作，先在知识付费专栏找到与蒸包子、卖包子相关的课件，然后查看其对应的付费标价，以及能给用户带来的知识增量。比如，别人的课程总共 20 个课时，主要讲如何把包子蒸好，市场报价 199 元。那么我们的课时可以是 24 个，除了教用户如何把包子蒸好，还要教用户在卖包子的过程中，如何做好营销宣讲。只要能保证质量，且能带来第 1 波用户的好口碑，那么在知识付费这个行业中就可以站稳脚跟。

第 4 步，检索关键词

知识付费专栏想要做起来，就要在文章选题、文章题目、相关的关键词，以及重点阐述过程中下很多功夫。但问题的关键在于，作为"门外汉"，短期之内学习并掌握这些内容难度很大，那就要看一下别人是怎样做知识付费专栏的，同时也需要了解一下别人的付费专栏究竟讲解了什么产品，讲解了怎样的功效，用了怎样的技巧，如果条件允许或资金充沛，可以花钱购买别人的知识专栏。在这里要注意，即便购买别人的知识专栏，也是学习对方的框架体系，而不是想着去剽窃别人的知识产品。一旦抄袭别人的知识产品，那么后续所带来的种种问题，风险不可估量。

第 5 步，预估专栏结果

做好专栏的部分或完整内容后，与其他专栏的产品做横向对比，可以邀请一些亲友或认识的同事，以及对该行业有诉求的朋友看一下。观察大家会选择哪个专栏来学习，以及为什么会选择这个专栏。通过这种预估结果的方式，尽最大可能提升自己产品的吸引力。

接下来我们要搭建专栏的内容体系，这部分内容需要用到人工智能。简单来讲，在创作知识专栏的过程中，人工智能需要与我们打好配合。

第 1 步，反向调试，要求人工智能帮我们列出大纲。

> 🔟 **我们对文心一言输入：**
>
> 我现在是一位退休工人，希望通过卖小笼包的方式来补贴家用，但是我不知道小笼包的制作工艺和制作教程。有一位老师傅说能够帮助我，他是在小笼包市场中摸爬滚打20年的实力派厨师。请问我应该如何系统地向他学习，在学习的过程当中，我应该对他提问哪些问题来循序渐进地了解小笼包的制作方式？

> ◆ **文心一言输出：**
>
> 向他学习小笼包的制作工艺，你可以采取以下步骤。
>
> 了解基础知识：首先了解一些基础知识，例如，小笼包的历史、基本的原料和常用的设备等。这可以通过阅读相关书籍、观看视频，或者在网上搜索信息来完成。

> 参加实践课程：参加老师傅的实践课程，观察他如何制作小笼包，然后尝试自己动手做。在实践中，你可以更好地理解制作流程，也可以立即得到反馈，知道哪里做得不对。
> 提问和讨论：在学习过程中，你需要提出一些问题来帮助自己更好地理解制作过程。
> 反复练习：制作小笼包需要一定的技巧，所以你需要反复练习才能熟练掌握。你可以在家里或者在老师的指导下多次尝试。
> 反馈和改进：在每次练习后，你都需要反馈你的成果，看看有哪些地方做得好，哪些地方需要改进。你的老师应该能给你提供一些有价值的反馈。
> 经营策略：除了制作技术外，你可能还需要学习一些经营策略，例如，如何定价、如何吸引客户、如何处理客户投诉等。
> 记住，学习任何新技能都需要时间和耐心，所以不要太着急。只要你愿意付出努力和时间，你一定可以掌握这门技艺。

要注意，上面的提问用到一个小技巧，即给人工智能假定一个身份。比如，对方是专家，对方是做时间规划、做专栏规划的负责人，我要学习某套产品，要求对方帮我梳理出大纲。预设身份并且把问题提出来，要求对方给予我们解决方案。但是对方给出的解决方案，很有可能不是我们最终需要的解决方案，所以此时仍需要进行二次调试、三次调试甚至是多次调试。

第2步，制作专栏，要求人工智能列出专栏的框架。

> **对文心一言输入：**
> 假定你是一位课程规划师，请把刚才给的建议归类出一套完整的大课。该课程的主要目的是教会用户如何制作小笼包，并且在市场上售卖，且要求课程不得多于10节。

> **文心一言输出：**
> 好的，以下是"小笼包制作与销售"的五节课程概要。
> 第一节课：介绍小笼包与原料选购
> 小笼包的历史和文化背景；

市场上的小笼包种类和特色；
学习目标和课程计划介绍；
主要原料的选择标准和购买渠道；
原料的储存和预处理。
第二节课：面团与馅料制作
面团的配料和比例，以及和面、发酵技巧；
馅料的配方和制作方法，调味技巧。
第三节课：包制与蒸煮技艺
面皮的擀制和切割，包馅手法；
蒸锅准备，蒸制时间和火候掌握。
第四节课：质量鉴定与保存运输
小笼包的外观和口感标准，新鲜度判断；
保存方法和期限，运输注意事项和包装要求。
第五节课：销售策略与实战演练
目标市场分析，定价和促销策略选择；
品牌建设与口碑传播，客户服务要点；
实战制作小笼包并接受点评，总结反馈与后续学习交流介绍。

第3步，策划课程的营销和裂变。课程做出来后，我们需要找寻目标受众群体。那么如何让效率最大化？方法很简单，让客户自发地帮我们宣传课程，通过客户带客户的模式来促进课程销量，打造在某个行业的知名度。

> **对文心一言继续输入：**
> 要求用户拥有分销权限，他们可以把我的课程再卖给其他用户，以此来实现课程售卖数量的最大化，你帮我制定一整套策划方案。

> **文心一言输出：**
> 一、设定分销权限
> 为已购买课程的用户设定分销权限，使他们能以特定折扣价购买课程并转卖给其他用户。

> 二、培训分销员
> 提供培训课程，教授分销员如何推广和吸引潜在用户。
> 三、设定激励机制
> 分级佣金制度：分销员根据销售数量获得不同级别的佣金。
> 定期奖励：对销售成绩突出的分销员进行奖励。
> 升级制度：分销员通过销售成绩升级，享受更多优惠。
> 社交媒体宣传：鼓励分销员在社交媒体上分享课程链接。
> 四、收集用户反馈
> 定期收集用户反馈，了解课程质量和效果，以便进行优化改进。
> 五、数据分析与总结
> 对销售数据进行统计和分析，了解哪些分销员的业绩较好，哪些推广渠道更有效，并定期对销售策略进行总结和调整。

用售卖小笼包作为案例，并不是说小笼包的相关课程有市场需求，而是因为小笼包这个行业及小笼包这种美食，大家在日常生活中总能见到，讲起来也更具有代表性。理论上，我们从事的任何行业都可以知识付费的方式对外进行知识售卖，前提是我们在这个行业中已经有了一定的话语权，有了一定的公信力。比如，在职场中工作5～10年的职场精英，可以给职场新人打造职场规划书；做家居装修的老师傅，可以给刚买房的小夫妻策划装修方案。而这些内容，除了通过付费专栏变现外，还可以通过付费咨询来变现，我们在下一节会详细讲解。

10.4 人工智能辅助付费咨询变现——人工智能秒变小助理

我的第2本书《结构化写作：新媒体高效写作手册》出版后，很多朋友都问这本书究竟讲的是什么内容、里面有哪些关键点。每次我都需要把这本书讲解一下，同样的话术、同样的口头禅搞得我疲惫不堪。每当买书的读者让我复述时，很多时候我只能拍个目录给对方发过去。很明显，这样的做法并不能让"粉丝"满意,尤其是面对不同的读者回复相同的答案,搞不好还会有差评,于是我便借助人工智能,让它成为我的小助理。

我先对人工智能"投喂"了《结构化写作:新媒体高效写作手册》这本书的核心数据。

内容简介:

掌握写作结构,就可以轻松写出高质量文章。写作也可以套公式,本书是一本针对写作新人的工具书,通过对10种经典写作结构的学习,快速掌握绝大多数文章的写作套路。本书分为15章,分别介绍了写作赋能、准备篇、金字塔结构、故事体结构、盘点体结构、自问自答结构、资讯式结构、层进式结构、个人成长式结构、"高能素材"结构、干货体结构、反三幕式结构、12种写作小技巧、6大写作行为规范及如何写出更有"价值"的作品。

本书适合写作新人、写作爱好者、新媒体从业人员及相关培训机构参考使用。

卖点分析:

适合写作新人的10种经典写作结构;

即学即用的写作套路、模板、案例;

图文结合,通过可视化形式呈现内容。

> 把以上数据对文心一言进行"投喂"并输入:
>
> 请针对上述信息,总结并讲明《结构化写作:新媒体高效写作手册》这本书的内容。

> 文心一言输出:
>
> 总结起来,本书的卖点主要包括以下几个方面。
>
> 1.针对写作新人的经典写作结构,简单易懂,上手即用;
>
> 2.详细介绍每种结构的适用场景和写作要点,助您轻松掌握;
>
> 3.图文结合,通过可视化形式呈现内容,阅读更轻松;
>
> 4.提供大量写作小技巧和案例,助您迅速提升技能水平;
>
> 5.适用于各类人群和场景,实用性和参考性都非常强。

相对来说，我更喜欢文心一言输出的结果，它能以分类的形式叙述，通俗易懂，而且结构明了。

当别人进行付费咨询时，我们可以拿对方提问的问题去检索对应的信息，把检索到的信息汇总到一起，由人工智能进行筛选、梳理、精简，并输出答案，然后我们再把这一部分答案返还给用户。与此同时，有以下几个问题需要注意。

其一，人工智能精简关键信息并汇总，依托于我们给人工智能提供的关键数据。换句话来说，我们作为内容提供者，人工智能作为内容改动者，如果我们提供的内容出现了差池，那么内容改动方自然也会出现诸多问题，最终很有可能无法实现预期。所以我们在对人工智能进行数据"投喂"时，一定要保证数据的真实、有效。

其二，大多数付费咨询是定向付费咨询，除了其中的1～2个问题可以通过这种方式回应，大部分问题还需要根据我们往期的经验、阅历，以专业进行回答。所以，低价位或高频率的付费咨询可以使用人工智能，高价位一对一的付费咨询则没有使用价值和意义。

其三，通过人工智能批量精简内容并给予答复，可能会涉及版权问题，这点我们要自行规避，尤其是某些特殊行业，如律师行业等。

图书写作变现篇

写作 21种商业写作方法详解

  在没有人工智能之前，拆书稿变现、荐书稿变现、读书变现和图书出版变现这4类变现方式，需要花费我们大量的时间和精力，尤其是读书变现，我们需要把整本书读完读透才能够写出与读书变现相匹配的文章来，而现在我们可以借助人工智能的方式来帮助我们实现读书变现。但是需要额外补充一句：图书写作变现是我们21种写作变现中最重要、最核心也是最关键的一环，我们可以借助人工智能，但绝不能完全依赖人工智能！

第11章
四大图书写作变现教程精讲

> 我们讲的4种图书写作变现模式，全是与商业变现有密切关联的，因为这4种变现模式自带的流量相对较低，很难写出大爆款。相比实时热点文章或其他特殊文章，这部分内容依托流量变现的可能性也偏低。也就是说，本章我们站在了流量变现的对立面，即商业变现&IP变现。

11.1 拆书稿变现——把书变成钱的泛商业、泛流量方式

具体讲解拆书稿变现前，我们需要先搞明白拆书稿的具体方法。把一本书拆成多份内容，把一本书的某一章节拆成多份内容，都可以当作拆书稿。简单来讲，拆书稿是通过拆解书中的内容让读者获得收获。通过研究一本书的内容，将其分解、概括、解释、评论，创作出多篇独立的文章或章节，这些内容包括但不限于文章的主要思想给人生带来的启迪、文章的主要观点给人生带来的经验。这种拆书稿的方式更有利于读者理解和消化数据，以此实现个人成长。

换句话说就是，拆书稿的本质是与个人成长紧密相连的，且这部分

内容带来的市场利润非常可观。为了便于大家理解，举个简单案例。

西游记中孙悟空为了学习长生不老之术，历经艰难险阻，终于拜到恩师门下。在学成归来后大闹天宫，带来诸多灾难的同时自己被压在了五指山下。

如果我们对上面这一故事做拆解，就很容易得出以下几个结论。

结论1：努力必有所得，只要朝着正确的方向去做。

结论2：能力越强责任越大，如果没有责任，就必然会受到应有惩罚。

结论3：短期的惩罚和磨炼往往是为了长期更好的发展，所以不要计较一时得失，拥有长远的发展战略才是正确的。

《西游记》中的每一个故事我们都可以深度挖掘，也都能挖出令人深思的含义来。把这一部分内容以文字的形式展示出来且能吸引到读者的注意力，这就是拆书稿的巨大魅力。

拆书稿的变现模式，我给大家总结了6类，如图11-1所示。

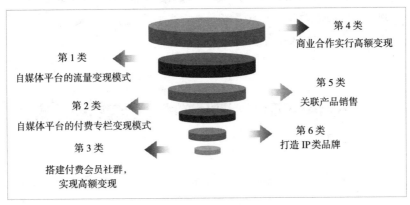

图11-1 拆书稿的6类变现模式

第1类，自媒体平台的流量变现模式

可以把拆书稿的内容发布在各大自媒体平台上，如今日头条、百家号、公众号、企鹅号、大鱼号等，然后在这些自媒体平台上通过流量获取收益。但要注意，此类拆解对象一般是畅销书，具备一定的知名度，如四大名著、《明朝那些事儿》等比较火爆的图书。

第 2 类，自媒体平台的付费专栏变现模式

拆书稿如果具备人性启迪、人性成长、心灵感悟、情感丰富等相关内容，就能打造成给人带来立体化成长的板块。这样一来拆书稿就可以从免费转向付费，打造自己的付费私域社群，通过图文、视频或直播的方式讲解书中的内容，为用户提供价值，从而获得高额收益。

第 3 类，搭建付费会员社群，实现高额变现

在付费专栏变现模式的基础上，打造属于自己的付费社群，在付费平台上进行订阅，通过私域模式进行一对一线下交流，以此实现利益最大化。

第 4 类，商业合作实现高额变现

当拆书稿的受众群体达到一定程度时，会有部分出版社或作家与我们私下对接，希望我们帮助其讲解书中的部分内容，以此来让更多的用户了解到书籍，认识到书籍，最终选择相信并购买该书籍。这样做带来的利润非常有限，但好在可以向上链接，能够对接不同的群体。

第 5 类，关联产品销售

当拆书稿内容达到流量与质量合二为一时，可以很自然地推销对应书籍、产品及书籍的周边产品或书籍的豪华套装产品。这部分产品的市场佣金普遍在30%～70%，比如，一本书平装版的价格是50～100元，豪华套装版本的价格就有可能达到500～600元，按照抽佣50%、每篇文章卖书100单算，利润可能达到日入万元。

第 6 类，打造 IP 类品牌

拆书稿最容易打造 IP 的是文章、图书，除此之外还有很多与读书相关的会员或品牌内容。通过拆书稿模式打造属于自己的小 IP，再过渡到大 IP，在拆书稿行业拥有一定话语权，所带来的好处远不只是变现这么简单。

拆书稿变现其底层逻辑是流量，如果没有流量，之前讲解的所有与变现相关的内容都可以忽略。也就是说，拆书稿的底层逻辑以变现为主导，变现的底层逻辑是以流量为主导。拆书稿应该怎样写，以及人工智能如何辅助变现，我们会在第12章详细讲解。

11.2 荐书稿变现——把书变成钱的高效商业模式

荐书稿是通过书评或书单的形式对外展示文章或商业软文,作者通常在文章中介绍某本书或若干本有关联的书籍,并对这些书籍提供一些侧面评论,比如,书籍质量的好与坏、书籍的适用人群、推荐这本书的理由和原因,以此鼓励读者去阅读这类书籍,引导读者购买相关产品。

荐书稿与拆书稿最大的区别在于,拆书稿是把一本书拆分成若干稿件,在若干稿件中详细讲解书中内容;而荐书稿只会讲读完某本书你能获得什么,读完另一本书你又能够获得什么,以书的形式对外展示,然后刻意引导用户下单。也就是说,荐书稿的商业氛围更浓厚一些。

荐书稿的变现模式,我总结为5类,如图11-2所示。

图11-2　荐书稿的5类变现模式

第1类,流量变现与拆书稿相类似

给读者推荐某本书时,往往会和流量挂钩,这就涉及我们上一节讲到的基础流量变现。在创作内容时,可以给大家讲这本书对标的是什么读者群体、书籍能带来怎样的启迪、书籍背后的故事、书籍作者背后的故事,以此来吸引用户去阅读。

第2类,电子书推广收益

现在的部分平台允许创作者在文章结尾处挂载电子书籍或网络小说,

我们写某本书籍的荐书稿时，通过引导用户点击对应链接来阅读某些书籍，这样我们就能获得依托于点击量带来的基础流量收益。

第 3 类，图文类图书售卖收益

在今日头条、百家号、大鱼号、公众号等新媒体平台写文章、微头条或动态，通过推广某些书籍，引导用户点击阅读并下单购买，以此获得 5%～50% 的分佣奖励。

第 4 类，视频类图书售卖收益

在微头条、动态上发表 300～700 字的文案，通过口播或某些智能软件一键生成的视频，讲解部分书籍，然后在视频的左下角挂载小黄车，引导用户下单购买，这样也能获得部分收益。在抖音、快手、小红书等平台进行图书售卖，带来的收益要远高于今日头条、百家号等图文平台的收益。

第 5 类，合作与推广

账号属性定为"读书人"，且通过荐书稿的方式获得收益时，会被某些作家或出版社所注意到，有一定概率能链接出版社并进行多次对接合作。包括但不限于推广出版社或出版社作家的书籍，以此获得推广费用及书籍销售提成等。

拆书稿对稿件质量的要求更高一些，更倾向于把一本书讲明白、讲透，让读者在读书的过程中获得知识增量。而荐书稿则主要负责书籍的营销和售卖，通过把书籍营销出去来实现利益最大化。前者偏向于人性的商业化，后者偏向于产品的商业化。

11.3 读书变现——读书变现的 6 种方式拆解，打造人设是关键

读书变现更像是拆书稿、荐书稿及其他读书模式的集合体。读书如果有目的，那绝不单单是为了读书，而是为了走向 IP。

读书变现的 6 种方式如图 11-3 所示。

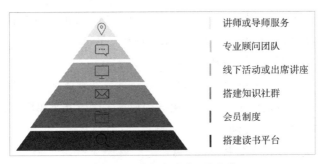

图 11-3　读书变现的 6 种方式

方式一，讲师或导师服务

如果我们在某行业中有充分的背景和背书，对某个行业或某本书籍的领悟能力已经达到了登峰造极的地步，那就可以踏上讲师之路，通过给别人讲书的方式来收取各种各样的服务费用。比如，通过提供《红楼梦》《三国演义》《西游记》《水浒传》等一系列名著的拆解付费服务获得收益。

方式二，专业顾问团队

如果读书的方向与女性成长、男性成长或职场成长相关联，且能单独服务于这部分读者群体，通过书籍讲解的方式让读者群体获得收获，就可以打造私教课，以 1 对 1 的模式作为学员的专业顾问或进行专业咨询。

方式三，线下活动或出席讲座

如果我们对某本书的领悟能力极强，并且还有众多的作者或作家团队对该书籍做内容拆解，如《红楼梦》，我们就可以参与线下活动及各种各样的线下讲座。

方式四，搭建知识社群

可以依托于某本书或若干本书，打造属于自己的知识付费社群。我们输出知识干货在某些特定平台展示，以此来利益变现。

方式五，会员制度

现阶段爆火的读书博主很多都开启了会员制度，用户花若干钱可以听某位读书博主来读某些书籍。在读书籍的过程中，博主还会讲解自己的感悟。

方式六，搭建读书平台

如果有技术、背景、实力、资源，完全可以开发一个在线阅读平台，提供书籍推荐、书籍讨论、社交广告等多项功能，然后通过订阅书籍、商业合作等一系列方式获取收益。

读书变现相比拆书稿变现、荐书稿变现而言，维度更深了一层，且属于将传统意义的商业变现模型运用到了读书变现领域，碰撞出了不一样的火花。但读书变现模式难度极大，对于新人而言可操作性和可复制性不强，除非有专业团队，再加足额的资本入驻，才有一定概率逆袭翻身。

11.4 图书出版变现——图书写作变现的终极模式，青年作家的硬核背书

借助抖音曾爆火的梗，当命运的齿轮开始转动，如果以出书为时间线，那么我的命运齿轮开始转动，应该是在2021年9月16日上午9：41。因为在这个时间点我加上了编辑黄老师，一年之后，我的第1本书籍《写作赋能与快速变现》正式出版。

2022年年初，我开始写第2本书——《结构化写作：新媒体高效写作手册》，2023年1月，第2本书正式出版。之后我又陆陆续续约了很多本书，在此过程中积累了很多经验。

先讲一下我总结的有关图书出版的三条定律，再为大家解释一下，为什么打造知识型IP博主，首要任务是拥有自己的书籍。

第一定律，希望通过出书来赚钱的人往往赚不到钱。

第二定律，出书赚到的钱都是隐性的，需要深度挖掘+深度运营。

第三定律，出书意味着话语权的增加，话语权的增加意味着IP博主的初步成型。

把以上三大定律合三为一时，我就要给所有想出书的小伙伴泼一盆冷水了。指望出版一本书并卖出去就能赚个几十万元，只能是痴心妄想。但是如果你能把自己的第一本书顺利出版，且按照我的方式运营，未来的发展前景则不可限量。

作者要对出书这件事的前景抱有极大的期望值，对于售卖这本书带来的利润抱有极小的期望值，同时对出书这件事要从IP系统的角度去看。

你会发现，出书是必不可少的环节，而这个环节直接奠定了你的IP。

以我的团队——丙润文学2023年8月份的图书售卖数据为例，当月销售书籍数量是257本，卖出去的书籍数量虽然不多，但是书籍和书籍背后的IP课程配套卖下来，当月带来的净利润能够达到8900元（见图11-4）。而且这还只是书籍与课程的配套服务，如果再加上一对一指导、付费咨询等其他服务，带来的利润更可观。图书售卖之所以能带来高额利润，是因为我们通过图书的方式实现了"以图书做背书"的利益最大化。

8.13~8.31日，丙润传媒书籍售卖情况

平台：积木鱼		利润	平台：抖店		利润
结构化单本	0		结构化单本	7	70
结构化套餐	3	60	结构化套餐	35	700
套餐+课程	2	300	套餐+课程	4	600

平台：快手小店		利润	结构化写作私域		利润
结构化单本	33	330		57	570
结构化+套餐	92	1840			
套餐+课程	23	3450			
总计卖书：	257				
总计利润：	8900				

卖书周期：	19天
账号：	2个

图11-4　图书销售利润数据

本节我将从宏观角度讲一讲为什么要通过出书的方式来背书，以及如何来看待出书这件事。

出版书籍的四大好处如图11-5所示。

好处1——收入
写书虽然费用不多，但是如果销量不错，也会带来一定的收入

好处2——专业认可
一旦被出版社邀请出书，意味着我们的专业能力被出版社、被部分读者群体所认可

好处3——拥有参与讲座或演讲的机会
成为畅销书作者，有一定概率被邀请参加各类讲座、演讲或书展

好处4——拥有更多的写作机会
如果第一本书销量不错，则会带来更多的与写作相关的机会

图11-5　出版书籍的四大好处

好处一，收入

写书虽然费用不多，但是如果销量不错，就会带来一定的收入。如果成为畅销书，那么除了丰厚的稿费外，更重要的是知名度的提升，以及课程的售卖、各类商业活动变现，等等。

好处二，专业认可

一旦被出版社邀请出书，就意味着我们的专业能力被出版社、被部分读者群体所认可，有利于我们在同行业中提高声誉。如今市场书的出版难度很大，如果作者的专业能力有限，那么几乎是不可能出版市场书的。

好处三，拥有参与讲座或演讲的机会

成为畅销书作者，有一定概率被邀请参加各类讲座、演讲或书展，这给作者提供了打造个人品牌的机会，在与读者的互动过程中可以链接到更多资源。

好处四，拥有更多的写作机会

图书出版的难度极大，能成功出版一本书籍则意味着自己的写作功底已经得到了出版社的认可。在这种情况下，书籍就是自己的背书，可以凭借出版的这本书当做敲门砖，去获得更多写作的机会。

但是很遗憾，很多人在写书的过程中，因为这样或那样的原因而半途而废，最终没有出版自己的作品。我总结了3个原因，如图11-6所示。

图11-6　没能出版书籍的3个原因

我建议，任何一位作家，只要有机会能够出书，就一定要珍惜机会。

不可否认，书籍出版需要耗费大量时间和精力，但是对于有意打造IP的作者来说，只要迈出第一步，后面的路就会顺风顺水。然而，有远见的人总是少数，大部分人看不到出书所带来的更广阔的前景。随着出版难度的增大，这些人则失去了宝贵的机会。

从宏观角度来看，出书所带来的个人成长、身份背书、身份认证、周边产品售卖，以及与"粉丝"交流见面的机会等，好处会远远大于你的付出。

第12章
人工智能辅助读书变现全流程

本章将重点讲解人工智能辅助读书变现的全流程。其中12.3节将重点讲解人工智能辅助读书变现时的关键词检索或筛选问题,12.4节将重点讲解人工智能辅助图书出版变现及私域引流问题,这两节讲解的内容侧重点会有所不同。

温馨提示

对于读书变现来说,其内容模板相对严苛一些。讯飞星火认知大模型和文心一言虽然语言逻辑更好,但是对标准文学的生成可能会略逊于ChatGPT,因此我们本章统一用ChatGPT做内容调试。

12.1 人工智能辅助拆书稿变现四大公式

大家在创作拆书稿时,建议以畅销书、名著或近期爆款的网文内容当作拆书的关键因子,以此来吸引初始流量。换句话说:拆书稿的公式的重要性远不如拆书稿对标到的某本书籍的知名度重要。

人工智能辅助拆书稿变现的四大公式如图12-1所示。

图12-1　人工智能辅助拆书稿变现的四大公式

本节我们假定要拆的书籍是《西游记》,重点讲解的是《西游记》中真假美猴王的情节。

按照公式一补充关键信息如下。

提炼关键观点:真假美猴王其实是孙悟空的心魔在作祟,猴子除了外在的思想行为,还有心魔,该章节是美猴王克服心魔的过程。

观点匹配章节概要:《西游记》第57回《真行者落伽山诉苦　假猴王水帘洞誊文》(以下用《真假美猴王》指代),讲述的是孙悟空打杀强盗,被唐僧赶回花果山,六耳猕猴假冒孙悟空,打伤唐僧,抢走行李的故事。后来真假猴王大战,众神等无法分辨。

作者思想总结:深入剖析了人性的复杂性,强调了团结与分裂、自我认知和勇气的重要性。

精华语录:大圣疼痛难忍,见师父更不回心,没奈何,只得又驾筋斗云,起在空中,忽然省悟:"这和尚负了我心,我且向普陀崖告诉观音菩萨去。"

> 🔟 **对ChatGPT进行调试:**
>
> 　　针对上述信息帮我写《西游记》第57回《真假美猴王》的拆书稿,要求具备可读性,且引人深思。

> 💬 **ChatGPT输出:**
>
> 《西游记》第57回《真假美猴王》:心魔的狡诈舞台
> 　　一部伟大的文学作品,如同一面镜子,不仅反映了人性的光明和善良,还投射出人性的黑暗和狡诈。在这章中,《西游记》以"真假美猴王"的冲突,探讨了人心的复杂性,引我们深思。

孙悟空不再是我们熟知的大闹天宫的神话英雄，而是被心魔所侵扰的战士。他在一系列事件中，遭遇了外界的诱惑和困难，最终被唐僧赶回花果山。与此同时，同心魔化身的"假美猴王"展开了一场混战，众神难以分辨真伪。这一情节深刻地揭示了人性的矛盾和冲突。

孙悟空内心的挣扎和忏悔，反映出每个人的心魔：那隐藏在我们内心深处的欲望和贪婪。他的思考和舍己为师父，再次证明了真正的力量不仅来自外在，更来自内心的坚韧和正直。

这一章的深刻教训是，我们需要不断面对自己的心魔，正视内心的矛盾，勇敢地走向自我救赎。只有通过超越自我，我们才能真正实现内心的和谐与平衡。

《西游记》第57回《真假美猴王》是一篇引人深思的篇章，提醒我们要认真反思自己内心的真实与虚伪。《西游记》不仅是一部文学巨著，更是一本教导我们直面人性的宝典。当我们面对真假之间的选择时，应该自省，思考内心的方向，最终实现自我和解和成长。

🔟 **继续调试：**

调试内容一：文章开篇以第一人称代入，强烈表达在读这本书时的震撼感。

调试内容二：文章结尾要加大启迪作用，暗示读这本书能够给大家带来直面人性方面的成长和帮助。

⑤ ChatGPT输出：

《西游记》第57回《真假美猴王》：心魔的狡诈舞台

当我第一次读到《西游记》第57回《真假美猴王》时，我的内心被深深地震撼了。这章所展现的复杂性和深度，让我不禁陷入了深思。孙悟空作为一个传说中的神话英雄，竟然也有着如此扑朔迷离的内心矛盾，这真是令人印象深刻。

在这一回中，我们看到孙悟空不再是那个大闹天宫的英雄，而是被心魔所缠绕的孤独战士。他在外界的诱惑和挑战面前屡次妥协，最终被唐僧赶回花果山。与此同时，心魔以"假美猴王"的形象出现，众神和众人无法分辨

> 真伪,这让我深思人性的善恶。
>
> 　　这一章让我明白,每个人内心都有一只"心魔",那隐藏在内心深处的欲望和贪婪。然而,通过孙悟空的忏悔和舍己为师父,我们也看到了他内心的坚韧和正直。这告诉我们,真正的力量不仅仅来自外部的战斗,更来自内心的成长和自我超越。
>
> 　　读完这一回,我深深地感到人性的复杂和矛盾。我们每个人都需要不断面对自己内心的"真假美猴王",正视自己的欲望和虚伪,勇敢地走向内心的救赎。只有通过这种对内心的探索,我们才能找到真正的和谐与平衡。
>
> 　　因此,我鼓励每个人都去阅读这一章,不仅是为了欣赏《西游记》的精彩情节,更是为了了解自己内心的真实与虚伪。《西游记》不仅仅是一部文学巨著,更是一本关于人性的启示录。通过反思真假之间的选择,我们将更好地认识自己,找到内心的方向,实现自我和解和成长。

使用以下三个技巧(见图12-2)创作拆书稿,引起读者共鸣的概率将大大提高。

SKILL 1	SKILL 2	SKILL 3
第一人称创作	以人性或个人成长作为解读核心	以内容创作为主,引导用户付费

图12-2　拆书稿创作三技巧

技巧一,以第一人称进行内容创作的效果是最好的。

技巧二,一定以人性或个人成长为解读核心,即读者读完这本书能收获什么,要让读者获利。这里的"利"指的就是个人的成长。

技巧三,写拆书稿时,不要着急赚钱变现。一些人在创作拆书稿的过程中总是把变现放在首位,殊不知这样做很容易走向死胡同,荐书稿和拆书稿是有本质区别的。拆书稿以成长为主,读者主动付费;而荐书稿以内容创作为主,引导用户付费。

拆书稿的其他公式,读者可以匹配对应的人工智能及关键信息"投喂",然后按照上述指令要求让人工智能一键输出,这里不做过多讲解。

12.2 人工智能辅助荐书稿变现

对于普通人而言,通过创作荐书稿变现的概率更大一些。无论是图文带货、视频带货还是直播带货,只要打造出优质的荐书稿,再通过对应的流量投放,就能获得很大一笔收益。

首先,介绍一下荐书稿常用的四大公式,如图12-3所示。

图12-3 荐书稿四大公式

我们会发现,在创作荐书稿的过程中,几乎所有公式都有话术诱导。这是因为在成交前,我们说的每一句话都是冲着成交去的。在内容创作完结时,若没有话术诱导,成交额将会明显下滑。很多读者在读完荐书稿后,根本不知道点击下方小黄车可以下单,所以话术语诱导可以一分为二,一方面引导用户下单,另一方面告诉用户如何下单。

我们可以借助人工智能辅助生成几句具有代表性的诱导话术。

> 🎙 对ChatGPT输入以下指令。
>
> 　指令1:写一份荐书稿话术,需要在荐书稿的最后诱导用户在此处点击小黄车购买。
>
> 　指令2:在话术诱导的过程中,重点突出性价比、早购买早享受等相关字样。
>
> 　指令3:不要以强硬语气命令用户购买产品,而是要引导用户主动购买。

> ⭕ ChatGPT输出:
>
> 　当你正在寻找一本书时,不妨考虑这本,因为:

1. 性价比之王：这本书提供了丰富的内容，物超所值，你不会后悔的。
2. 早买早享受：越早开始阅读，越早受益。这是一个投资自己的机会。
3. 内容丰富多彩：书中的知识和故事会给你带来无限的启发和娱乐。
4. 精心编辑：每一页都经过精心编辑，确保你的阅读体验无与伦比。
5. 改变生活：这本书可能会改变你的生活方式和思考方式，你将从中受益终身。
6. 探索未知：书中探讨了许多令人惊奇的主题，你将享受到一场智力冒险。
7. 点击小黄车购买：不要犹豫，立即点击下方小黄车购买，开始你的阅读之旅吧。愿你早日享受这份知识的盛宴。

接下来仍以我的第2本书《结构化写作：新媒体高效写作手册》为例，按照公式进行指令调试。

公式一，问题引导公式

提出问题：迫切需要学习写作知识，但始终无法入门，应该怎么办？

扩大覆盖面：希望通过写作变现来养家糊口，该怎么办？

解决方案：购买刘丙润老师的《结构化写作：新媒体高效写作手册》一书，内含10种写作结构，可以轻松入手。

购买话术诱导：今日购买，2～3日即可到货，轻松学习无压力。

> 对 ChatGPT 输入：
> 针对上述信息，帮我生成一份《结构化写作：新媒体高效写作手册》的荐书稿，要求具备可读性、趣味性，同时引导用户下单购买。

> ChatGPT 输出：
> 标题：开启写作之门，改变命运——《结构化写作：新媒体高效写作手册》推荐书稿
>
> 亲爱的读者：
> 你是否一直渴望学习写作，却发现自己难以入门？是否梦想通过写作来养家糊口，却不知道从何着手？如果你的答案是肯定的，那么我们有一个绝佳的建议，一个能够改变你写作生涯的良机。

我们为你推荐《结构化写作：新媒体高效写作手册》一书，由著名作家刘丙润老师亲自撰写。这本书内含10种写作结构，将帮助你轻松入门，无论你是初学者还是有一些写作经验。

为何选择《结构化写作：新媒体高效写作手册》？

1. 可读性，趣味性

刘丙润老师的写作风格独具特色，简单易懂，充满趣味。他用通俗的语言、生动的例子和幽默的叙述，将写作知识娓娓道来，让你不再感到枯燥和晦涩。

2. 入门利器

无论你是写作初学者还是已经有一些写作经验，本书都为你提供了清晰而实用的指导。它会从基础开始，帮助你建立坚实的写作基础，然后引导你深入不同的写作结构，让你的文字更加生动、引人入胜。

3. 改变命运，实现梦想

如果你希望通过写作来变现、养家糊口，那么《结构化写作：新媒体高效写作手册》是你实现这一梦想的有力工具。刘丙润老师的经验和智慧，将帮助你掌握各种写作形式，从博客文章到小说，从广告文案到剧本，你都能游刃有余。

现在，你可能会想，如何获得这本神奇的书籍。方法非常简单，只需点击下方的链接，你就能立刻下单购买：

[**立刻购买《结构化写作：新媒体高效写作手册》**]

不要错过这个开启写作之门、改变你命运的机会。立刻行动，让写作之路充满乐趣，同时为你的梦想铺平道路。

愿你的文字如春风拂面，生活如诗如画。

祝写作愉快！

[你的名字]

公式二，个人成长公式

故事开局：我一直希望通过写作变现，却迟迟不能成功。

激发读者共鸣：直到读了刘丙润老师的《结构化写作：新媒体高效写作手册》才顺利变现，实现月入过万。

专家推荐：同行业的内容创作者对这本书均表示认可，并认为书籍质量很棒。

特点突出：本书对10种写作结构、6种行为规范、8种写作常见状况进行了详细讲解。

话术诱导：现在购买还可以享受刘丙润老师独家赠送的投稿资源和渠道。

对 ChatGPT 输入：

针对上述信息，帮我生成一份《结构化写作：新媒体高效写作手册》的相关荐书稿，要求具备可读性、趣味性，同时引导用户下单购买。

ChatGPT 输出：

标题：《结构化写作：新媒体高效写作手册》：开启写作之门，实现月入过万

亲爱的写作梦想家：

你是否一直渴望通过写作来变现，却一直找不到成功的方法？别担心，我们有一个独家建议，能够助你踏上成功之路。

刘丙润老师的《结构化写作：新媒体高效写作手册》将成为你的灯塔。我亲身经历过，直到我读了这本书，才终于实现了月入过万的梦想。

同行业的内容创作者对这本书一致认可，因为它质量出色。它不仅提供了10种写作结构，还涵盖了6种行为规范，以及8种常见写作状况的详细讲解。这意味着你将拥有更多的写作工具和技巧，无论你是写博客、创小说，还是撰写广告文案，都能如鱼得水。

更令人兴奋的是，如果你现在购买，刘丙润老师还会独家赠送投稿资源和渠道，让你的文章得以广泛传播，实现更多变现机会。

所以，如果你想踏上写作之路，实现自己的梦想，别再犹豫。点击下方链接，让《结构化写作：新媒体高效写作手册》成为你成功的引路人：

[**立刻购买《结构化写作：新媒体高效写作手册》**]

不要再错过变现的机会。现在就行动，让写作成为你的事业，月入过万不再是梦想，而是现实。

祝写作愉快，梦想成真！

[你的名字]

[你的联系信息（可选）]

剩余的两个公式在此不做单独讲解，感兴趣的小伙伴可以补充关键信息，要求人工智能一键输出。

12.3 人工智能辅助读书变现

第11章讲过，人工智能对于读书变现的帮助有限，因为读书变现是极其复杂的商业化IP变现模式，但凡涉及IP、天时、地利、人和、文学功底、镜头感、团队运作、资本运作等各方面都需要考虑到。

本节与其说是人工智能辅助读书变现，不如说人工智能在读书变现的终端给予创作者帮助，也就是关键词检索或筛选。

为了便于大家理解，仍以《结构化写作：新媒体高效写作手册》为例，在互联网上检索《结构化写作：新媒体高效写作手册》，摘抄部分关键信息如下。

书籍介绍：

掌握写作结构就可以轻松写出高质量文章。本书通过对10种经典写作结构的介绍，旨在帮助读者快速掌握绝大多数文章的写作方法。本书共14章，分别介绍了写作赋能、内容拆解和对标账号、金字塔结构、故事体结构、盘点体结构、自问自答结构、资讯式结构、层进式结构、个人成长式结构、高能素材结构、干货体结构、反三幕式结构、6种写作行为规范及如何写出更有价值的作品等。本书适合写作新人、写作爱好者、新媒体从业人员，以及相关培训机构参考使用。

在豆瓣平台上检索部分书籍评论如下。

短评一：现代网络文章的基础写作教材，里面的写作模板非常适合初学者。

短评二：书中列出作品价值的4种定义：记录生活、记录成长；倒逼输出、终身学习；扩大影响、打造IP；写作变现。回顾建立小红书账号以来的生活，自媒体确实发挥了记录成长、督促学习的作用。

短评三：教你如何写出百万阅读量的工具书，适合刚入门的小白。

短评四：这是本工具书，书中罗列了10大写作结构、6种自媒体写作行为规范、8大写作困难的解决方案。这是一本就算零基础起步,也能快速了解新媒体写作的指导手册。

书籍长评如下。

非常实用的写作指导手册,特别适合那些刚刚入门或想要提升写作技能的人。以下是对这本书的评鉴。

优点如图12-4所示。

图12-4 《结构化写作:新媒体高效写作手册》的优点

综合性指南:这本书涵盖了10种不同的写作结构和6种自媒体写作行为规范,为写作者提供了十分全面的工具和技巧,可以帮助写作者更好地表达自己的想法和创意。

易于理解:由于作者采用了简单而又清晰的表达方式,解释了各种不同的写作结构和规范,使得读者能够轻松理解并运用这些技巧。

实用性强:书中不仅详细介绍了相关的理论知识,还有许多真实的写作案例及实用的模板,这样可以帮助读者把学到的知识融到实践中去。

适用人群广泛:这本书不仅适合于写作新手,也适合于写作爱好者和自媒体从业人员,以及那些希望提升自己写作技能的人。

不足之处是过于基础,对于那些已在写作领域摸爬滚打多年的人来说,书中内容或许只是基本常识。然而,这对新手却是一个有利因素。

因为接下来的调试步骤极其繁杂,所以不给大家展示调试的具体流程和数据,只把调试指令给大家输出来。大家在使用人工智能辅助读书变现的过程中,直接套用这套逻辑指令即可。

指令一,《结构化写作:新媒体高效写作手册》这本书的相关信息如上所示,请详细阅读相关信息并做分类汇总。

指令二，《结构化写作：新媒体高效写作手册》的内容如上所示，请详细阅读这本书的内容并做重点分类规则。

指令三，《结构化写作：新媒体高效写作手册》的评论如上所示，请针对上述信息做归类分总。

指令四，《结构化写作：新媒体高效写作手册》的专业点评如上所示，请针对上述信息做归类分总。

指令五，假定你现在是读书变现导师，今天要读的书是《结构化写作：新媒体高效写作手册》，你觉得应该读哪几章给观众听？

指令六，读这几章的过程中准备哪些切入点切入效果会更好，能吸引到读者的注意力？

指令七，针对上述所有的准备工作，对这本书做简短评价。

因为章节字数有限，不可能把所有关于《结构化写作：新媒体高效写作手册》能够检索到的信息全部复制出来，对于部分信息我单独进行了数据"投喂"，然后输入对应的指令，要求人工智能输出关键信息即可。

> **指令三的输出内容如下。**
>
> 根据上述评论，可以将书籍《结构化写作：新媒体高效写作手册》的特点和优势总结如下。
>
> **适合初学者：****
>
> 短评一指出，这本书是现代网络文章的基础写作教材，其中的写作模板非常适合初学者。
>
> **定义作品价值：**
>
> 短评二提到，书中列出了作品的四种定义，包括记录生活、记录成长、倒逼输出、终身学习等，对自媒体创作者非常有帮助。
>
> **百万阅读量工具书：**
>
> 短评三强调了这本书是教授如何写出百万阅读量作品的工具书，适合刚入门的小白。
>
> **详尽写作指导：**
>
> 短评四列出了书中包括的内容，包括10大写作结构、6种自媒体写作行为规范、8大写作困难解决方案。这本书即使对零基础的人而言也是新媒体

写作的指导手册。

书籍长评的优点总结如下：

综合性指南：《结构化写作：新媒体高效写作手册》涵盖了10种不同的写作结构和6种自媒体写作行为规范，为写作者提供了全面的工具和技巧，可以帮助他们更好地表达自己的想法和创意。

易于理解：作者采用了简单而清晰的表达方式，解释了各种不同的写作结构和规范，使读者能够轻松理解并运用这些技巧。

实用性强：书中不仅包括相关的理论知识，还提供了许多真实的写作案例和实用的模板，有助于读者将所学知识融入实践中。

适用人群广泛：这本书不仅适合写作新手，还适合写作爱好者、自媒体从业人员，以及那些希望提升自己写作技能的人。

综合来看，《结构化写作：新媒体高效写作手册》是一本适合各种写作水平的读者学习的书，提供了全面的写作指导，从基础知识到实际应用，对于提升写作技能和实现写作梦想都非常有价值。

> 指令七的输出内容如下：
>
> 《结构化写作：新媒体高效写作手册》是一本极富实用性和易懂度的写作指南，特别适合写作初学者和自媒体从业者。它不仅提供了丰富的写作结构和规范，还包括了实际案例和模板，使读者能够轻松理解和应用所学知识。无论你是刚入门还是想提升写作技能，这本书都能帮助你实现写作梦想。

人工智能针对指令生成简单答案问题不大，但要找切入点来破题，则需要深挖书籍，指望人工智能来实现则不太现实。目前的人工智能只能配合打辅助。

12.4 人工智能辅助图书出版变现

本节我们将讲解如何通过人工智能辅助图书出版。

准确地说，出版书籍的过程中，人工智能可以做以下5部分工作，如图12-5所示。

图 12-5 人工智能辅助图书出版

假定书籍名称为《人工智能时代,如何实现工作效率的最大化?》

限定方向为人工智能如何在写作方面实现效率最大化,人工智能如何在职场方面实现效率最大化,以及人工智能如何在个人成长方面实现效率最大化。

> 对 ChatGPT 输入:
>
> 我准备写上述书籍,书籍一共分三大篇章,每个篇章有四大章,请按照上述要求帮我写一份书籍的大纲目录。

> ChatGPT 输出:
> 以下是您书籍《人工智能时代,如何实现工作效率的最大化?》的大纲目录,共分三大篇章,每个篇章包含四大章。
>
> 第一篇章:人工智能在写作中的效率提升
> 1.1 人工智能写作工具的崭露头角
> 1.1.1 介绍人工智能写作工具的发展历程
> 1.1.2 不同类型的人工智能写作工具及其应用
> 1.2 AI 辅助写作的优势与挑战
> 1.2.1 讨论人工智能在写作中的潜在优势
> 1.2.2 解决使用人工智能写作工具时可能遇到的挑战
> 1.3 写作创意与 AI 的交互
> 1.3.1 AI 如何帮助提升写作创意

1.3.2 人工智能与创意写作的互动案例分析

1.4 未来写作：AI创作与人类创作者的共存

1.4.1 AI创作的前景与影响

1.4.2 讨论人工智能与人类创作者的协同工作

第二篇章：职场中的人工智能效率应用

2.1 AI在职场管理与决策中的应用

2.1.1 人工智能在数据分析和决策支持中的角色

2.1.2 案例研究：AI如何优化企业决策流程

2.2 人工智能在招聘与人才管理中的革新

2.2.1 AI招聘工具的崛起

2.2.2 AI如何提高员工绩效和满意度

2.3 职业发展与AI的未来趋势

2.3.1 AI对职业发展的影响

2.3.2 如何借助AI提升职业竞争力

2.4 AI与工作生活平衡

2.4.1 AI如何帮助更好地实现工作与生活平衡

2.4.2 创造AI助手来管理日常事务

第三篇章：个人成长与AI的合作

3.1 AI辅助学习与技能提升

3.1.1 AI在线教育的盛行

3.1.2 如何在学习过程中与AI合作提高效率

3.2 健康与AI的互动

3.2.1 AI健康助手与个人健康管理

3.2.2 利用AI跟踪健康数据与生活方式

3.3 个人成长与心理健康

3.3.1 AI心理健康应用的兴起

3.3.2 AI如何帮助提高情商和心理韧性

3.4 未来中的个人成长与AI合作

3.4.1 AI对个人成长的潜在影响

3.4.2 建立与AI合作的未来愿景

这个大纲可以帮助您规划书籍的章节结构和内容方向，确保您的书籍在讨论人工智能时能够涵盖多个关键领域，满足不同读者的需求。如果您需要进一步的建议或修改，请随时告诉我。

接下来对第一篇章做内容调试。

对ChatGPT输入：

指令一，目录中需要体现4种高效性结构。

指令二，目录中需要体现语音转文字配合人工智能辅助创作。

指令三，目录中需要体现文章创作的基本格式规范。

ChatGPT输出：

以下是经过内容调整的第一篇章的目录，以满足您的要求。

第一篇章：人工智能在写作中的效率提升

1.1 人工智能写作工具的崭露头角

1.1.1 介绍人工智能写作工具的发展历程

1.1.2 不同类型的人工智能写作工具及其应用

1.2 AI辅助写作的优势与挑战

1.2.1 讨论人工智能在写作中的潜在优势

1.2.2 解决使用人工智能写作工具时可能遇到的挑战

1.3 写作创意与AI的交互

1.3.1 AI如何帮助提升写作创意

1.3.2 人工智能与创意写作的互动案例分析

1.4 未来写作：AI创作与人类创作者的共存

1.4.1 AI创作的前景与影响

1.4.2 讨论人工智能与人类创作者的协同工作

1.5 高效性的写作结构

1.5.1 基本写作结构规范

1.5.2 金字塔结构：构建清晰逻辑的文章

1.5.3 故事体结构：吸引读者的情节叙事

1.5.4 盘点体结构：整理信息的有效方式

1.5.5　自问自答结构：回答读者问题的方法
1.6　语音转文字与人工智能创作
1.6.1　语音转文字技术的应用领域
1.6.2　AI辅助创作：语音输入的未来
1.6.3　文章格式规范：段落、标题与标点的正确使用

通过添加这些内容，第一篇章的目录不仅突出了高效性的写作结构，还强调了语音转文字技术与人工智能辅助创作的重要性，以及文章创作的基本格式规范。这将有助于读者更好地理解如何在人工智能时代提高写作效率。如果您需要进一步修改或调整，请告诉我。

不难发现，运用人工智能调试书籍目录时，人工智能可以有效配合。但有个问题：书籍目录绝不是人工智能可以轻松创作的，内容创作者只能借助人工智能辅助提供灵感，最终还需要创作者进行手动调试。比如刚才我要求其对第一篇章的内容做详细填充，填充到最后竟然多出了两章，这是明显不符合规范的。

至于写作计划和时间管理、信息资料的收集、内容灵感建议、编辑校对，我们也可以通过简单对话的方式要求人工智能提供灵感和建议。之所以没有公式，是因为书籍出版非常特殊，需要针对不同人群去做不同的内容调试，而这一部分内容调试更多的是以对话为主，即我们提出问题，人工智能给予解答。

> 比如，我们对ChatGPT输入以下内容。
> 我准备写一本教大家写作的书籍，一共14章，并完成校对、配图和修订，且至少对整本书检查不少于两次。但我写书的时间只有14天，每天最多工作4小时，请帮我做一份时间管理规划。

> ⓢ ChatGPT输出：
> 在有限的时间内完成一本书的写作、校对、配图和修订，是一项具有挑战性的任务。但是通过合理的时间管理和高效的工作，你仍然可以达到目标。以下是一个时间管理规划，帮助你在14天内完成这项任务。
> 第1天至第7天：写作。

第1天：写第1章，尽量多写，但不需要担心质量（4小时）。
第2天：继续第1章的写作，努力进一步完善（4小时）。
第3天：写第2章，同样尽量多写（4小时）。
第4天：继续第2章的写作，尽量完成（4小时）。
第5天：写第3章，同样尽量多写（4小时）。
第6天：继续第3章的写作，尽量完成（4小时）。
第7天：写第4章，同样尽量多写（4小时）。
第8天：休息日。
休息一天，放松身体，消化之前的工作。
第9天至第12天：校对、修订、配图。
第9天：回顾第1章和第2章，进行初步校对和修订（4小时）。
第10天：回顾第3章和第4章，进行初步校对和修订（4小时）。
第11天：添加配图，确保与文本内容相关联（4小时）。
第12天：回顾整本书，进行终稿修订（4小时）。
第13天：校对和修订。
回顾整本书，确保语法、拼写、标点符号等没有问题（4小时）。
第14天：完成最终检查。
进行最后的整本书检查，确保没有遗漏的错误（4小时）。

这个时间管理规划将每天的工作时间限制在4小时以内，以保持高效，并给你一定的休息时间来减轻压力。请记住，写作的质量比数量更重要，所以尽量在写作阶段付出更多努力，校对和修订是确保书籍质量的关键步骤。希望这个规划对你有所帮助，祝你写作顺利！

总之，通过以上时间管理规划，希望在14天内完成这本关于写作的书籍，并确保书籍的质量和内容符合预期。请务必关注时间管理和资源安排的相关问题，确保写作过程的顺利进行。

　　需要额外补充一点，制定时间规划时，原则上对人工智能输入得越多，人工智能给我们制定的规划越详细，这部分规划主要依托于可支配的自由时间。给人工智能提供的专业数据越多，人工智能制定的规划更合理。同理，我们在利用人工智能出书或与书籍相关的配套服务时也是如此。提供的关键信息越多、越详细，人工智能能够给出的可执行方案就越精准。

写给读者的话

在本书的结尾，有几句话想跟读者说。大家越是熟悉人工智能，就越能了解人工智能的可贵。面对新鲜事物，如果一味地抵触排斥，就很有可能丧失先机。这些新鲜事物的出现，本质就是为了颠覆时代，推动历史潮流。比如，百八十年前，会计记账用算盘，现在用电脑一键输入即可。

科技带来的便捷程度远大于阻碍，所以对于各种新科技的出现，应该秉着开放的心态去大胆尝试。尤其是人工智能，未来很长时间内，人工智能绝对不是炒概念，而是会被切实应用到日常生活中，给我们的生活带来极大便利。

所以，诸位，接下来请尽情拥抱人工智能吧！